WOLFGANG WALDSTEIN

MEIN LEBEN

WOLFGANG WALDSTEIN

MEIN LEBEN

Erinnerungen

media
maria

Bibliografische Information: Deutsche Nationalbibliothek.
Die Deutsche Nationalbibliothek verzeichnet diese Publikation in der
Deutschen Nationalbibliografie; detaillierte bibliografische Daten sind
im Internet über
http://dnb. ddb. de abrufbar.

MEIN LEBEN
Erinnerungen
Wolfgang Waldstein
© Media Maria Verlag, Illertissen 2013
Alle Rechte vorbehalten

Umschlaggestaltung: Finken & Bumiller, Stuttgart
Satz: SATZstudio Josef Pieper, Bedburg-Hau
Printed in Germany
ISBN 978-3-9815943-4-8

www. media-maria. de

INHALT

VORWORT

Ich hatte selbst lange Zeit nicht daran gedacht, meine Erinnerungen an die Zeit in Finnland aufzuschreiben und
dann auch noch mein Leben in Salzburg zu schildern. Den
eigentlichen Anstoß dazu hat Kardinal Joseph Ratzinger
gegeben. In den Jahren 1996 bis 1998 war ich Professor
an der Lateran-Universität. Wir (Esi und ich) hatten in
Rom nahe am Vatikan eine kleine Wohnung, in der uns
Kardinal Ratzinger einmal besuchte. Bei dieser Gelegenheit durfte ich ihm etwas von meinem Leben in Finnland
erzählen. In dieser Zeit hat Kardinal Ratzinger öfter in
Brixen Urlaub gemacht. Unser Schwiegersohn Franz
Comploi ist Domorganist in Brixen. Nun geschah es, dass
Kardinal Ratzinger bei einem seiner Urlaube in Brixen im
Kreuzgang des Domes unseren Schwiegersohn traf. Bei
einem kurzen Gespräch erfuhr der Kardinal, dass ich der
Schwiegervater von Franz Comploi bin. Er sagte darauf-
hin zu unserem Schwiegersohn dem Sinn nach: »Sorgen
sie dafür, dass ihr Schwiegervater seine Erinnerungen an
Finnland niederschreibt.«

Ich muss unserem Schwiegersohn dafür sehr dankbar
sein, dass er einen eleganten Weg fand, mich zur Erfül-
lung des Wunsches des Kardinals zu bewegen. Wir dürfen im Haus unseres Schwiegersohnes in Alt Wengen in
Südtirol seit Jahren kostenlos Urlaub machen. Nun sagte unser Schwiegersohn, dass er als Gegenleistung für
das Wohnen in diesem Haus von mir erbittet, jeden Tag,

7

den ich in diesem Haus wohne, fünfzehn Minuten lang meine Erinnerungen an Finnland niederzuschreiben. Ich habe dann wohl nicht täglich fünfzehn Minuten geschrieben, sondern manchmal auch zwei und auch mehr Stunden an einem Stück. Im Durchschnitt habe ich die fünfzehn Minuten pro Tag jedenfalls erfüllt. Das Ergebnis ist im Verhältnis zu allem, was noch gesagt werden könnte, dennoch sicher mager. Die Erinnerungen sind nicht immer genau. Einen gewissen Überblick wird das Geschriebene aber doch geben und Einblicke in Situationen, die für mein Leben wichtig waren und sich mir besonders eingeprägt haben. Unmittelbar betrifft die Zeit in Finnland nur die ersten elf Jahre meines Lebens, das elfte Lebensjahr wurde jedoch erst im August 1939 vollendet …

Als die Erinnerungen an Finnland niedergeschrieben waren, fühlte ich mich nun aus Dankbarkeit für Gottes wunderbare Fügungen in meinem Leben verpflichtet, auch über die darauffolgende Zeit in Salzburg zu berichten. Diese Zeit wurde zwar durch einen Aufenthalt von neun Jahren in Innsbruck unterbrochen, aber den Hauptteil meines Lebens verbrachte ich neben Finnland doch in Salzburg. So ist nun diese Biografie entstanden.

Ich bin dem Media Maria Verlag und persönlich Frau Gisela Geirhos sehr dankbar für das Interesse an dieser Biografie und für die Bereitschaft, sie zu veröffentlichen. Es hatte mich zwar mein Freund Prof. Erik Mørstad schon seit längerer Zeit gedrängt, meine Erinnerungen zu veröffentlichen, aber ich wusste keinen Verlag, an den ich mich hätte wenden können. Aus einem ganz anderen

Grund – wegen des Problems des Hirntodes – kam ich mit dem Media Maria Verlag in Kontakt, dessen Freundlichkeit ich nun die Möglichkeit der Veröffentlichung der Erinnerungen verdanke.

ERSTER TEIL:
MEIN LEBEN IN FINNLAND

Ich wurde am 27. August 1928 in Hangö in Finnland geboren. Mein Vater, im Jahr 1900 in Sankt Petersburg geboren, stammte aus der böhmischen gräflichen Familie Waldstein, und zwar aus der Arnauer Linie. Er war Pianist. Er hatte bereits 1912, also mit zwölf Jahren, in Sankt Petersburg sein erstes öffentliches Klavierkonzert gegeben, und zwar nach seiner Schilderung mit großem Erfolg, obwohl er sonst sehr zurückhaltend war mit der Betonung eigener Erfolge. Bei meinem ersten Besuch in Sankt Petersburg im November 1992 hat meine dortige rechtshistorische Kollegin, Genévra Igorevna Loukóvskaya, sogar noch von dem Konzert Kenntnis gehabt und gewusst, dass mein Vater ein bekannter Pianist war. Als sie mir das erzählte, kamen mir die Tränen. Ich hatte selbst noch in Finnland Gelegenheit, einen solch tosenden Applaus bei einem Konzert zu erleben, dass ich als Kind Angst bekam und zur Garderobenfrau vor dem Saal flüchtete, um sie zu fragen, warum die Leute so klatschten. Das muss in der Viborger Zeit gewesen sein, als ich etwa vier Jahre alt war.

Erwähnen möchte ich noch, dass ich erst 1992 sehen konnte, in welch herrlicher Umgebung mein Vater als Kind aufgewachsen war. Sein eigener Vater hatte als kaiserlicher Beamter eine Dienstwohnung an einem der schönsten Plätze in Sankt Petersburg. Sie befand sich in einem Gebäude, das damals zum anschließenden *Grand Hotel Europe* gehörte. Daher wusste man im Hotel, in dem auch wir 1992 in Sankt Petersburg wohnten, welche Wohnung mein Großvater gehabt hatte. Meine Frau und ich hatten damals nichtsahnend dieses Hotel als Quartier für unseren Aufenthalt in Sankt Petersburg gewählt, weil sich in diesem Hotel ein Büro von *American Express* befand. Wegen der damals noch irgendwie labilen Situation dachten wir, von dort aus im Notfall leichter eine Verbindung nach draußen bekommen zu können.

Der riesige Platz vor diesem Gebäude ist fast ein Park, mit schönen Bäumen. Die Nordseite des Platzes ist vom großartigen *Mikhailovsky-Palast* beherrscht, der jetzt das Russische Museum in Sankt Petersburg beherbergt. Die Wohnung befand sich auf der Westseite des Platzes. Auf der Westseite des Blocks ist eine der Hauptstraßen von Sankt Petersburg, der *Newski Prospekt*. Auf dieser Seite des Blocks befindet sich eine der beiden katholischen Kirchen von Sankt Petersburg. Bei unserem Besuch im Jahr 1992 war dort jedoch nur noch die Fassade vorhanden. Das Innere der Kirche hatten die Kommunisten zerstört, sie war ausgebrannt. So hatte die Familie meines Großvaters mit drei Kindern – mein Vater hatte eine Schwester und einen Bruder – die katholische Kirche im gleichen Block. Obwohl mein Großvater kaiserlicher Beamter war, konnte er den katholischen Glauben beibehalten.

Meine Mutter stammte aus einer finnländischen Familie Grönlund. Die Angehörigen der schwedischen Bevölkerung Südfinnlands werden als Finnländer bezeichnet. Sie wurde im Jahr 1896 in Viborg geboren und war in erster Ehe mit Fürst Nikolai Paschkoff verheiratet. Als Offizier durfte er seine Frau im Ersten Weltkrieg an die Front mitnehmen, wo meine Mutter mit ihm das Offizierszelt teilte und, tapfer wie sie war, auch bei Kanonendonner dort ausharrte. Als zaristischer Offizier ist ihr Mann im Jahr 1918 auf der Krim von den Bolschewiken erschossen worden. Eine Tochter aus dieser Ehe starb mit zwölf Jahren an Pocken, wahrscheinlich im Jahr 1925. Nach den Erzählungen meiner Eltern hat mein Vater meine Mutter anlässlich eines Konzertes im Sanatorium in Kirvu (in Karelien) kennengelernt, wahrscheinlich im Jahr 1926, vielleicht auch früher. Weil meine Mutter damals protestantisch war, musste für die Eheschließung mit meinem Vater Dispens eingeholt werden. Finnland hatte damals, wenn ich mich recht erinnere, noch keine eigene Diözesanverwaltung, keinen Bischof. Es existierte lediglich eine kleine niederländische Mission, mit deren Leiter, Msgr. Wilhelm Cobben, mein Vater einen guten Kontakt hatte. Msgr. Cobben wurde später der erste Missionsbischof in Finnland. Die Sache mit der Dispens war damals offensichtlich schwierig und langwierig. Daher dürften meine Eltern auf Rat von Msgr. Cobben nach Can. 1098 CIC (1917) vor dem orthodoxen Popen die Ehe geschlossen haben. Die Eheschließung in der kanonischen Form konnte erst am 27. Juli 1929 in Hangö vor dem Priester Msgr. Wilhelm Cobben erfolgen.

Nach Berichten der Eltern sind wir von Hangö bald weggezogen und danach mehrmals übersiedelt, zunächst auf eine Insel, dann nach Åbo (Turku) und wohl noch in andere Orte. Nach Aussage meiner Mutter sind wir seit meiner Geburt bis zu unserer Abreise aus Finnland Anfang Dezember 1939 insgesamt siebzehnmal übersiedelt. An immerhin neun dieser verschiedenen Wohnorte oder Wohnungen innerhalb eines Ortes kann ich mich selbst mit jeweils zunehmender Deutlichkeit noch klar erinnern. Am klarsten sind die Erinnerungen natürlich an die letzten Wohnorte in Finnland. Eigene Erinnerungen an Hangö oder Åbo habe ich keine. Meine Mutter hat mir jedoch erzählt, dass ich, als ich wohl kaum zwei Jahre alt war, im Garten des Hauses spielte, in dem wir damals wohnten. Meine Mutter hat immer wieder aus dem Fenster nachgesehen, ob mit mir alles in Ordnung war. Offenbar war ich damals immerhin von meinem Vater zum Fischen mitgenommen worden. Ich muss dann im Garten eine Stange gefunden haben, die wie eine Angel aussah. Dann habe ich wohl gedacht, dem Beispiel meines Vaters folgen zu können, der mit einer solchen Stange Fische gefangen hatte. Als meine Mutter wieder einmal aus dem Fenster blickte, sie war dabei, einen Brotteig zu machen, sah sie mich nicht mehr. Dafür sah sie das Gartentor offen stehen. Mit großem Schreck und den Händen voller Teig rannte sie zum Gartentor. Dort traf sie gerade den Briefträger, der vom Bootslandesteg herkam. Meine Mutter fragte ihn, ob er vielleicht einen kleinen Buben gesehen habe. Er sagte ja, er habe einen gesehen, der eine lange Stange über der Schulter trug und offenbar auf dem Weg zum Meer sei. Meine Mutter rannte mir nach und fand mich am äußersten Ende des Landestegs stehend. Ich hielt dabei die Spitze der Stange in das Wasser. Um mich nicht zu erschrecken und damit möglicherweise meinen Sturz in das Wasser zu verursachen, schlich sich meine Mutter leise an mich heran und packte mich dann mit beiden Händen.

Wir müssen dann bald danach nach Viborg übersiedelt sein, denn als meine Schwester Gunda am 5. Oktober 1930 geboren wurde, war ich gerade knapp über zwei

Jahre alt. An folgende Wohnorte kann ich mich selbst erinnern, wobei die beiden letzten nicht zu den siebzehn eigentlichen Wohnorten gehören, sondern Aufenthaltsorte auf unserer Reise waren, als wir Finnland verließen.

Ich möchte hier zunächst einen kurzen Überblick über die Wohnorte geben, an die ich Erinnerungen habe. Dazu möchte ich auch die mit diesen Wohnorten verbundenen besonderen Ereignisse erwähnen.

1. Viborg, am Stadtrand, Geburt meiner Schwester Gunda (Adelgunde) am 5. Oktober 1930. Schuss mit Gaspistole.

2. Viborg, andere Wohnung, Geburt meiner Schwester Mia (Rainelde Maria) am 31. August 1932, Beobachtung eines Einbruches in einem gegenüberliegenden Haus. Ich war inzwischen vier Jahre alt geworden.

3. Bei Viborg, auf dem Land, Häuschen auf einem Felsen, in den der Blitz einschlug, große Birke zersplittert. Kinderwagen mit Mia auf abschüssigem Weg zum Bach ausgelassen. Versuch, am Bach eine Kreuzotter zu fangen.

4. Perkijärvi, Haus im Wald am See.

5. Terijoki, *Tschetweruchin-huvila,* nahe am Meer.

6. Terijoki, Haus auf einem Hügel, Beobachtung eines großen Nordlichts in klarer Winternacht, eisiger Weg zur Schule, Straße über Hügel mit dickem Eis überzogen, sah aus wie ein gefrorener Wasserfall. Das dürfte 1935 gewesen sein, als ich sechs Jahre alt war.

7. Esboo bei Helsingfors, wohl 1936/37.

8. Aalberga bei Helsingfors, wohl 1937/38. Von diesen beiden Orten aus begann ich mit dem Besuch der Deutschen Schule in Helsingfors, von Esboo aus mit dem Zug, von Aalberga aus mit Autobus.

9. Keksholm/Käkisalmi, 1938/39. Während die Familie

dort wohnte, musste ich während der Schulzeit in einem Internat in Helsingfors (finn. Helsinki) wohnen, um die Deutsche Schule weiterhin besuchen zu können. Im September 1939 war dort ein riesiges Nordlicht zu sehen, das die Nacht taghell erleuchtete. Bald danach zog die ganze Familie wegen Kriegsgefahr nach Helsingfors.

10. Dort wohnten wir einige Zeit in einem Hotel,

11. danach im Haus *Stella Maris* am Meer, von dort gingen wir nach Hungertagen zu Fuß zurück nach Helsingfors. Im *Stella Maris* die ersten Bombenangriffe auf Helsingfors erlebt, von dort mit Übernachtung im Kloster der niederländischen Schwestern, in deren Konvikt ich früher gewohnt hatte und das im Stadtteil Eira nahe beim Abreisehafen lag, Anfang Dezember 1939 zum Schiff.

I. Was mein Vater über die Geschichte der Familie berichtete

Mein Bewusstsein in der Kindheit war stark durch die Tatsache geprägt, dass mein Vater sich als Österreicher fühlte und ich selbst deshalb auf die Frage, welcher Nationalität wir angehörten, immer stolz antwortete: Österreicher (auf Finnisch, wenn ich mich recht erinnere: Itävaltalainen). Demgegenüber trat die Abstammung aus Böhmen zurück. Nach der Familientradition wusste mein Vater zu sagen, dass sein Ur(ur[?])großvater unter Peter dem Großen aus Böhmen nach Sankt Petersburg gekommen sei. Er sei das jüngste Kind von vielen Kindern gewesen und hätte ins Kloster gehen sollen. Weil es in der Familie immer viele Kinder gab und die Güter dadurch schon aufgeteilt waren, sei dies für den jüngsten Sohn der Familie als Versorgung vorgesehen worden. Er habe das jedoch nicht gewollt. Dies habe zu einem offenbar ernsteren Zerwürfnis in der Familie geführt, das ihn veranlasste, der damaligen Einladung Peters des Großen an ganz Europa zu folgen und nach Sankt Petersburg zu gehen.

In Russland habe die Familie den Namen »Waldstein von Halben« geführt. Als ich bei Nachforschungen im Salzburger Landesarchiv den Stammbaum der Familie Waldstein-Arnau fand, in dem ein Johann Wenzel Joseph auf Rozdialowicz vorkommt, glaubte mein Vater im Namen »Rozdialowicz« den Namen jenes Gutes zu erkennen, von dem in der Familientradition berichtet wurde, dass zwei Brüder dieses gemeinsam verwaltet hatten. Als Symbol für ihre große Eintracht bei dieser Verwaltung hätten sogar die Halme doppelte Ähren getragen. Daher komme der Name »von Halben«, was eine deutsche Entsprechung für »Rozdialowicz« zu sein scheint.

Die Namen, an die sich mein Vater nach den Erzählungen seines Vaters erinnern konnte, vor allem der Name desjenigen, der als Erster nach Russland ging und der Alois Ignaz geheißen haben soll, finden sich allesamt nicht im *Gotha*[1]. Alois Ignaz habe sechs Kinder gehabt, an deren Namen sich mein Vater noch erinnerte, darunter mein Urgroßvater Ludwig. Nach dem *Gotha* gilt die Arnauer Linie als ausgestorben. Dies hat zu verschiedenen Vermutungen und Überlegungen Anlass gegeben. Aber die Differenzen über den nicht erfolgten Klostereintritt und den nachfolgenden Weggang aus Böhmen könnten dazu

---

[1] *Genealogisches Handbuch des Adels,* in dem alle Adelsfamilien aufgeführt sind.

geführt haben, dass dieser Vorfahre enterbt worden ist. Er selbst dürfte keinen Wert darauf gelegt haben, im *Gotha* verzeichnet zu sein. In Russland dürfte er andere Sorgen gehabt haben.

In der Zwischenzeit war es durch die Hilfe meiner Sankt Petersburger Kollegin, Frau Prof. Loukóvskaya (bzw. ihres Mannes, der ausgebildeter Archivar war), möglich, den Personalakt meines Großvaters im Archiv in Sankt Petersburg zu finden. Dies wird vielleicht weitere Nachforschungen ermöglichen, die zur Klärung des Rätsels beitragen können. Ich will daher zum jetzigen Zeitpunkt keine Vermutungen aussprechen.

Vom Leben der Familie weiß ich nur, dass mein Großvater kaiserlicher Beamter und, wie mein Vater meinte, Direktor der Kaiserlichen Theater war. Aus dem nunmehr gefundenen Personalakt lässt sich entnehmen, dass er am Ende seiner Laufbahn Leiter des Amtes für die Verwaltung der Kaiserlichen Theater war und in dieser Zeit eine Dienstwohnung im Zentrum von Sankt Petersburg bewohnte.

Mein Großvater ist 1916 gestorben. Mein Vater erzählte mir von einer Begebenheit nach seinem Tode, die mir großen Eindruck machte. Einige Zeit nach seinem Tode haben mehrere Arbeiter auf einem zum Landgut der Familie gehörenden Felde beobachtet, wie mein verstorbener Großvater zur Mittagszeit in seiner weißen Uniform vom Bootssteg am See, ganz wie vor seinem Tode, die vom See zum Haus führende Allee durchschritt. Meine Großmutter hatte gerade auf der Veranda des Hauses für das Mittagessen gedeckt. Vor ihren Augen setzte sich mein Großvater auf seinen normalen Platz am Tisch. Meine Großmutter nahm es zunächst als ganz selbstverständlich hin, bis sie plötzlich realisierte, dass er ja gestorben war. Als sie ihn daraufhin wieder ansehen wollte, war er nicht mehr da.

Mein Vater hatte im Oktober 1917 in Sankt Petersburg die Revolution miterlebt, aber als Künstler gehofft, unbehelligt zu bleiben. Lenins Entscheidung gegen die parlamentarische Republik im Januar 1918 verschärfte die Lage in Sankt Petersburg. Mein Vater erzählte, dass er eines Morgens im Januar 1918 durch Schüsse auf der Straße aufgeschreckt wurde. Seiner Mutter und ihm wurde rasch klar, dass es jetzt um das Leben ging. Wie es im Einzelnen geschah, weiß ich nicht, aber ihnen gelang jedenfalls die Flucht über die finnisch/russische Grenze nach Finnland. Dabei liefen sie allerdings einem russischen Grenzposten in die Hände, der ihnen alles abnahm, was sie bei sich hatten und über die Grenze zu retten versuchten: Geld, Dokumente, Wertsachen, alles mussten sie als Preis für das Leben dalassen. Der Posten hätte sie dann trotzdem niederschießen können, aber er ließ sie laufen.

Das in Finnland befindliche, aber nahe an der russischen Grenze gelegene Landgut musste im Hinblick auf den ausgebrochenen kommunistischen Putschversuch und den anschließenden »Roten Krieg« in Finnland zu einem Spottpreis zwangsverkauft werden. Offenbar reichte dieses Geld aber immerhin noch für einen längeren Studienaufenthalt meines Vaters in Berlin, wo er bei Egon Petri sich im Klavierspiel noch vervollkommnen lassen wollte. Danach kehrte er aber mit seiner Mutter wieder nach Finnland zurück, auch in der Hoffnung, dass sich die Sache mit dem Landgut nach dem Ende des Krieges irgendwie günstiger regeln ließe. Dies erwies sich jedoch als Illusion.

In dieser Zeit lebte mein Vater, wie er mir erzählte, hauptsächlich von meist sehr erfolgreichen Konzerten, aber auch von der Klavierbegleitung bei den damaligen Stummfilmen in Kinos, ferner wohl auch von Klavierunterricht, den er auch in meiner Kindheit als Erwerbsquelle praktizierte.

Ich weiß nicht, in welchem Jahr es war, aber es muss noch vor der Eheschließung mit meiner Mutter gewesen sein, dass mein Vater fast ermordet wurde. Er hatte in Lahti ein Konzert gegeben und ging danach spät abends nach Hause. Er trug damals noch seinen dicken russischen Pelz, den er bei der Flucht im Januar 1918 getragen hatte. Plötzlich bekam er einen Schlag auf den Rücken. Als er sich umdrehte, sah er einen Mann davonlaufen. Dann merkte er, dass ihm etwas warm über den Rücken herunterlief. Er versuchte, mit der Hand festzustellen, was es war. Als er die Hand unter dem Pelz herauszog, war sie voll Blut. Er ging daraufhin sofort zu einem nahe gelegenen Krankenhaus. Dort stellte man fest, dass er eine tiefe Messerstichwunde am Rücken hatte, genau in der Herzgegend. Wenn er nicht den dicken Pelz getragen hätte, wäre sein Herz von dem Messer getroffen worden. So aber verfehlte es knapp das Herz. Der Messerstecher dürfte geglaubt haben, dass mein Vater ein Russe sei. Der Hass der Finnen gegen die Russen war damals so groß, dass diese Tatsache allein Grund genug für einen Mordanschlag war. Wahrscheinlich hat dieses Erlebnis meinen Vater dazu veranlasst, sich eine Gaspistole zum Schutz gegen Angreifer anzuschaffen.

Mein Vater erzählte mir auch, dass seine Mutter, die gerade den Mittagstisch deckte, plötzlich zu meinem Vater sagte, sie glaube, sie werde verrückt. Sie höre ständig

Stimmen, könne aber auch verstehen, was da gesagt werde. Mein Vater war natürlich beunruhigt, sie konnten sich die Sache nicht erklären. Am nächsten Tag lasen sie in der Zeitung, dass am Tag davor der erste Radiosender feierlich eröffnet worden sei. Meine Großmutter erkannte in den Berichten über die Reden teilweise das wieder, was sie ganz deutlich gehört hatte. Mein Vater hat dann vermutet, dass der große polnische Luster, der über dem Esszimmertisch hing, vielleicht irgendwie als Empfänger gewirkt und für meine Großmutter die Reden hörbar gemacht hatte.

II. Meine Kindheit

1. Viborg und die ersten Jahre nach meiner Geburt

Soweit ich die Chronologie mit den Wohnorten in Verbindung bringen kann, reichen meine frühesten Kindheitserinnerungen nach Viborg zurück, wo wir an verschiedenen Orten gewohnt haben. Als ich wohl erst zwei Jahre alt war, übersiedelten wir von der Gegend um meinen Geburtsort Hangö nach Viborg. Wir hatten länger in oder nahe bei Viborg gewohnt, weil dort meine Großmutter mütterlicherseits lebte. Daher wurden auch meine beiden Schwestern Gunda (zwei Jahre jünger) und Mia (vier Jahre jünger als ich) dort geboren. Die allerfrüheste bewusste Erinnerung ist wohl ein Ereignis, das mich lange Zeit danach sehr mitgenommen hat. Das muss sich in dem Haus abgespielt haben, in dem meine Schwester Gunda geboren wurde, und zwar bald nach ihrer Geburt. Wegen der Unsicherheit der Gegend hatte mein Vater eine Gaspistole gekauft, weil er wegen seiner Konzerte oft abends unterwegs sein musste. Er hatte mir, dem wohl noch nicht dreijährigen Buben gezeigt, wie man die Pistole betätigt. Ich hatte damals gerade Kraft genug, den Abzug mit beiden Daumen durchzudrücken, wenn ich die Pistole, mit dem Lauf auf mich gerichtet, in beiden Händen hielt. Eines Abends hatte mein Vater die geladene und entsicherte Pistole beim Weggehen vergessen. Ich sah sie auf einer Kommode liegen, stieg auf einen Stuhl, holte sie von der Kommode, nahm sie, auf dem Stuhl stehend, wie gewohnt in beide Hände und drückte los. Der Rückstoß des Schusses, der losging, muss den Lauf zurückgeschlagen haben. Sonst hätte mich der Schuss aus nächster Nähe direkt ins Gesicht getroffen. Die Patronen waren außer mit Gas auch noch mit Sägespänen gefüllt. Wenn mich die Ladung im Gesicht getroffen hätte, hätte dies wohl außer zu Verbrennungen auch zur Blendung geführt.

Ich kann mich noch erinnern, dass ich zunächst wie erstarrt auf dem Stuhl stehen blieb, danach herunterfiel, aber dann wie ein Rasender schreiend aus der Wohnung lief. Ich kann mich auch noch erinnern, dass ich entsetzlichen Durst hatte und sehr viel Wasser trank. Inzwischen musste die Wohnung lange durchgelüftet werden, um das Gas hinauszubringen. Die Nachbarn nahmen sich unser liebevoll an. Der Schock war für mich aber so gewaltig, dass ich monatelang nach diesem Ereignis jedes Mal aufschrie, wenn auch nur eine Gabel oder ein Löffel zu Boden fiel oder sonst ungewöhnliche Geräusche mich aufschreckten. Ich konnte auch nicht allein in der Wohnung bleiben, sondern schrie, was meinen Vater besonders ärgerte, der mich deswegen oft »Memme« schalt. Er hatte mir allerdings auch beruhigend und liebevoll nach diesem

Vorfall die leere Patronenhülse gezeigt und darauf hingewiesen, dass sonst weiter nichts passiert sei, ich daher
ganz beruhigt sein könne.

2. Andere Wohnung in Viborg

Irgendwann, bald nach der Geburt von Mia, sind wir in
eine andere Wohnung in Viborg gezogen. Dort hatten wir
eines Tages beobachtet, wie in einem gegenüberliegenden
Haus in der Dunkelheit offenbar Einbrecher mit Taschen-
lampen das Haus durchsuchten. Als Kind hat mich das
sehr beunruhigt.

In dieser Wohnung hatte mein Vater auch etwas fabri-
ziert, wovon er mir auch später nie verraten hat, wie ihm
dies gelungen war. Er bat wohl nur mich und meine
Schwester Gunda, die damals etwa drei Jahre alt war und
ich fünf, ihm unsere Puppen und Spielsachen zu bringen.
Er hing sie dann an einer gespannten Schnur auf. Hierauf
brachte er die Puppen und Spielsachen dazu, die unglaub-
lichsten Bewegungen zu vollbringen. Meine Schwester
Mia war damals wohl noch nicht ein Jahr alt. Er hat dieses Spiel, das wir »Puppen tanzen lassen« nannten, noch
mehrmals wiederholt. Aber in dieser Wohnung passierte
es auch, dass meine Mutter beim Wickeln meiner Schwester Mia bemerkte, dass plötzlich eine Sicherheitsnadel
fehlte. Weil sie absolut unauffindbar war, kam meiner
Mutter die überaus erschreckende Erkenntnis, dass Mia
sie geschluckt haben musste. Meine Mutter rief verzweifelt im Kinderspital an, um zu fragen, was sie machen solle. Dort gab man den Rat, das Kind mit Brei zu füttern.
Mia war bis dahin jedoch nur gestillt worden. Sie würg-
te bei dem Brei und spuckte ihn aus. Ich kann mich noch

erinnern, wie verzweifelt meine Mutter war. Aber siehe da, nicht lange danach fanden sich zwei Teile der Sicherheitsnadel schön parallel nebeneinander im Stuhl in der Windel.

In Viborg hat sich auch etwas zugetragen, das um ein Haar meinen Tod hätte bedeuten können. Ich saß auf dem »Topfi« neben einem Tisch, auf dem ein Petroleumkocher mit einem großen Topf mit gerade zum Sieden gebrachtem Wasser stand. Das Tischtuch, das auf dem Tisch lag, interessierte mich offenbar so, dass ich begann, daran zu ziehen. Damit rückte der Petroleumkocher mit dem Topf und dem siedenden Wasser zur Tischkante. Meine Mutter sah gerade, wie der Topf zu kippen begann und hielt ihren Arm davor. Die Bewegung, mit der sie den Topf von mir wegschob, führte jedoch dazu, dass sich das siedende Wasser über ihren Arm ergoss, was, wie ich mich noch lebhaft erinnere, zur Folge hatte, dass sie die gesamte Haut von diesem Arm verlor. Wenn sich das Wasser jedoch über mich ergossen hätte, wäre ich wohl nicht zu retten gewesen.

In jener Zeit geschah es auch, dass ich, wie mir gesagt wurde, eine ganze Stearinkerze aufaß. Ob es eine Folge davon war, weiß ich nicht, jedenfalls wurde mir gesagt, dass ich daraufhin ein solch hohes Fieber bekam, dass meine Mutter für mein Leben fürchtete. Sie versuchte verzweifelt, mit kalten Umschlägen die Temperatur zu senken, was dann auch gelang.

Es muss auch in dieser Zeit gewesen sein, dass mein Vater nach meiner Erinnerung in der katholischen Kirche in Viborg zu den hl. Messen auf dem Harmonium spielte. Ich glaube mich zu erinnern, dass die Kirche auf der Empore keine Orgel hatte, sondern nur ein Harmonium.

Ich durfte mit auf die Empore kommen und konnte die hl. Messe von oben betrachten. Wenn ich nicht wusste, ob ich nun knien oder stehen sollte, wandte ich mich zu meinem Vater um mit einem fragenden Blick. Er gab mir dann ein Zeichen, was ich machen sollte. Überhaupt hat mein Vater mir einen starken Sinn für das Heilige und eine große Ehrfurcht davor vermittelt. Dies entsprach auch der russischen Kultur, in der mein Vater aufgewachsen war. So war es etwa undenkbar, einen Raum, in dem ein Kruzifix hing, mit dem Hut auf dem Kopf zu betreten. Als ich dann einmal bei einem Besuch bei meiner Großmutter väterlicherseits in einem russischen Altersheim sah, wie ein Mann durch den Raum, in dem ein großes Kruzifix hing, mit dem Hut auf dem Kopf ging, war ich als Kind entsetzt. Es war im Speisesaal des Altersheimes, in dem auf einem Tisch neben dem Ausgang zur Küche auch ein großer Samowar stand, der immer leise summte.

Das Brot galt als heilige Gabe Gottes und durfte nur ehrfurchtsvoll behandelt werden. So durfte etwa ein Laib Brot nicht auf die obere, runde Seite gelegt werden, sondern nur auf den »Rücken«, also auf die Unterseite. Vor dem Anschneiden wurde ein Kreuz in die Rückseite des Brotes geritzt. In allen russischen Häusern oder Wohnungen, die ich kennengelernt habe, brannte auch eine Ampel vor einer Ikone.

3. *Auf dem Land bei Viborg*

Als Mia wohl noch nicht ein Jahr alt war, übersiedelten wir von Viborg in ein kleines Häuschen in der Nähe von Viborg, ganz auf dem Lande. Das Häuschen war sehr einsam, es war, wenn ich mich recht erinnere, kein anderes Haus von dort aus zu sehen. Das Häuschen stand auf einem nur ganz wenig von der Umgebung erhöhten Granitfelsen. Nicht weit vom Haus entfernt stand eine ungewöhnlich große und dicke Birke. An einer Seite des Hauses führte ein Weg vorbei. Gleich neben dem Haus begann eine Senke, über die der Weg zu einem kleinen Bach hinunterführte. Zudem befand sich auf der vom Haus abgewandten Seite des Weges noch eine ziemlich tiefe Grube. Ich sehe sie noch vor mir, weil ich mehrmals und nachdrücklich davor gewarnt worden war, zu dieser Grube zu gehen, weil dort Schlangen wären. Eines Tages durfte ich den Kinderwagen mit meiner Schwester Mia auf dem Weg schieben, der bis zum Haus ganz eben war. Dann aber begann der Weg plötzlich, stark abschüssig zu werden. Ich konnte das Gewicht des Kinderwagens nicht mehr halten und er begann, in Richtung Bach hinabzusausen. Sehr bald kippte er aber nicht weit von der großen Grube um. Die gut eingepackte Mia flog aus dem Wagen und blieb am Rand der Grube liegen. Ich weiß nicht mehr, ob ich so laut geschrien hatte, dass meine Mutter herbeieilte oder ob sie die Sache beobachtet hatte, jedenfalls war sie sofort zur Stelle und barg das Bündel mit der Mia aus der Gefahr. Gott sei Dank war Mia so gut eingepackt gewesen, dass ihr nichts passiert war.

In diesem Haus habe ich leider einen für meine arme Mutter überaus schmerzhaften, dummen Fehler begangen. Meine Mutter war gerade dabei, die Spule für den Gegenfaden bei der Nähmaschine zu wechseln und ihr Zeigefinger befand sich, wie ich leider nicht bemerkte, gerade unter der Nadel. In dem Moment drehte ich am Antriebsrad und die Nadel stieß ihr in den Finger und zerbrach. Ich höre noch heute in der Erinnerung den Aufschrei meiner Mutter, das Knirschen des Knochens und den Knacks vom Bruch der Nadel. Es war schrecklich und ich war wohl bleich vor Schreck über das Geschehene. Ich kann mich aber nicht an die Reaktion meiner Mutter mir gegenüber erinnern, etwa, dass sie mich deswegen geschimpft hätte. Ich erinnere mich nur, dass es sehr schwierig war, die abgebrochene Nadel aus dem Finger herauszubekommen. Sie steckte fest im Knochen.

Ich spielte natürlich gerne am Bach in der Nähe dieses Hauses. Eines Tages sah ich dort eine schön gemusterte Schlange. Ich versuchte, nach ihr zu greifen, aber sie verschwand blitzschnell im Gebüsch. Als ich das dann meiner Mutter erzählte, war sie entsetzt und wies mich darauf hin, dass ich nach einer solchen Schlange auf keinen Fall greifen dürfe. Wenn sie mich beißen würde, wäre ich tot. Wie sich herausstellte, handelte es sich um eine Kreuzotter, von denen es in dieser Gegend offenbar viele gab.

Übrigens lebte nicht weit von dem Haus, in dem wir wohnten, eine irgendwie sehr unheimliche Frau, von der behauptet wurde, dass sie auf Leute, die sie nicht möge, Schlangen treiben könne. Meine Eltern begegneten jedenfalls mehrfach in der Nähe des Hauses, in dem sie lebte, Kreuzottern, die aber nie angegriffen hatten. Es war nur ziemlich beunruhigend. Man munkelte irgendwie, dass diese Frau eine Hexe sei. Meine Mutter berichtete einmal von einer sehr unheimlichen Begegnung mit ihr.

Eines Tages kam urplötzlich ein ungeheuer heftiges Gewitter. Meine Mutter hatte gerade Wäsche vor dem Haus aufgehängt, als sie das Gewitter heraufziehen sah. Sie musste uns Kinder, die wir verstreut draußen waren, sofort und zuerst in Sicherheit bringen. Als das geschehen war, hatte sie keine Zeit mehr, die Wäsche hereinzuholen. Das Gewitter brach mit ungeheurer Wucht herein. Wir kauerten im Wohnzimmer auf dem Boden. Plötzlich war das Zimmer grell erleuchtet, wobei gleichzeitig ein ungeheurer Knall zu hören war. Im ersten Moment glaubten wir, der Blitz sei direkt durch das Zimmer gefahren. Das Zimmer war mit einem merkwürdigen Geruch erfüllt, vermutlich mit dem Ozongeruch nach einem nahen Blitzeinschlag. Weil wir zwar zitternd, aber immerhin noch am Leben waren, mussten wir das Ende des Gewitters abwarten, um sehen zu können, was eigentlich geschehen war.

Als wir dann hinaus kamen, sahen wir die riesige Birke von oben bis unten gespalten und teilweise regelrecht zersplittert. Aber nicht nur das. Der Blitz hatte zwischen Birke und Haus im Felsen einen nach meiner kindlichen Erinnerung unglaublich tiefen Spalt aufgerissen. Von dem dabei hochgesprengten Material war die gesamte Wäsche schwarz geworden. Der Spalt im Felsen endete beim Haus an einem alten Wasserleitungsrohr, das unter dem Haus durchführte. Alle waren der Meinung, dass uns diese alte Wasserleitung das Leben gerettet hatte. Das Holz der zersplitterten Birke diente uns in diesem Haus praktisch die ganze Zeit als Brennholz. Die Verarbeitung war aber äußerst mühsam, weil wir keinerlei maschinelle Hilfen dazu hatten. Alles musste von Hand mit Säge und Axt gemacht werden. Ich erinnere mich noch, dass meinem Vater dabei einmal der Schaft der Axt brach. Er konnte dann den Rest des Schafts aus der Axt nicht herausbekommen. Mein Vater musste ihn im Ofen ausbrennen, bevor er einen neuen Schaft an der Axt festmachen konnte.

4. Perkijärvi, Haus im Wald am See

Ich glaube, dass die Abgeschiedenheit des Häuschens nach diesem Ereignis dazu beigetragen hat, dass wir von dort bald nach Perkijärvi in ein Haus übersiedelten, das zwar auch mitten im Wald an einem schönen, großen See lag, aber nicht sehr weit vom Bahnhof entfernt war. Außerdem wohnte noch eine andere Familie in dem Haus. Dazu kam, dass in einem am See gelegenen Nachbarhaus eine sehr liebe Familie mit zwei Kindern wohnte, die, wenn ich mich recht erinnere, beide bei meinem Vater Klavierunterricht nahmen.

Mit diesem Haus verbinden mich sehr viele Erinnerungen. Das Haus lag auf einer kleinen Anhöhe, von der eine sehr schöne Birkenallee zum See hinabführte. Am Strand befanden sich ein Bootssteg und eine Sauna. Sehr bald nach dem Einzug dürfte es geschehen sein, dass ich plötzlich von dem Bootssteg in den See fiel. Das Wasser war dort bereits so tief, dass ich den Boden mit meinen Füßen bei Weitem nicht erreichen konnte. Ich konnte damals noch nicht schwimmen. Ich hatte aber schon längst Leute beim Schwimmen beobachtet. Also bemühte ich mich, die gleichen Bewegungen mit den Armen und Beinen zu machen, wie ich das bei den anderen gesehen hatte. Und siehe da, es funktionierte und ich kam aus dem Wasser heraus. Sicher hatte ich mich sehr verzweifelt und krampfhaft bemüht, über Wasser zu bleiben. Dies hatte zeitlebens zur Folge, dass ich nur im Salzwasser, das einen doch sehr viel mehr trägt als Süßwasser, entspannt schwimmen konnte.

Ich weiß nicht, wie lange danach ich wohl mit meinen beiden Schwestern am Strand spielte. Es war, glaube ich, meiner Schwester Gunda und mir eingeschärft worden, auf Mia besonders zu achten, weil sie mit ihren wohl nicht viel mehr als zwei Jahren selbst die Gefahr nicht erkannte. Vor allem sollten wir darauf achten, dass sie nicht auf den Bootssteg ging. Wie es dazu kam, dass sie dann plötzlich neben mir auf dem Bootssteg stand und dann ebenso plötzlich in den See fiel, weiß ich nicht mehr. Eines war jedoch klar, sie hätte sich selbst nicht aus dem Wasser retten können. Daher sprang ich ihr, ohne nachzudenken, sofort hinterher und schaffte es, sie aus dem Wasser zu bringen.

Der See war sehr schön, bedeckt mit vielen großen Seerosen in verschiedenen Farben. Mit den Nachbarskindern durfte ich öfter im Boot mitfahren. Im Winter fror der See mit einer sehr dicken Eisschicht zu. Für uns Kinder war der See dann ein unbegrenzter Spielplatz. Allerdings gab es dort trotzdem Gefahren. Ich spielte mit den Nachbarskindern auf dem Eis. Wir näherten uns dann an einer Stelle, an der ein Bach in den See mündete, dem Strand. Dort wurde das Eis plötzlich dünn und ich brach ein. Das Wasser war dort nicht mehr tief, aber der Grund schlammig. Jedenfalls waren meine Kleider völlig durchnässt und es herrschte starker Frost. Ich lief so schnell ich konnte nach Hause, aber die Allee zog sich dahin. Bis ich nach Hause kam, waren meine Kleider außen bereits zu einer Eiskruste gefroren. Glücklicherweise hatte ich mich, soweit ich mich erinnere, nicht erkältet.

Das Spielen mit den Nachbarskindern war für mich so erfreulich, dass ich leider alles andere darüber vergaß. Es kam wiederholt vor, dass mein Vater mir aufgetragen hatte, zu einer bestimmten Zeit zu Hause zu sein, weil er mir, wenn ich mich richtig erinnere, Sprachunterricht in Französisch geben wollte. Ich sprach damals schon mehr oder minder gut vier Sprachen. Deutsch war unsere normale Sprache. Die Sprache meiner Mutter war jedoch Schwedisch und die Verwandten meiner Mutter sprachen auch Schwedisch. So lernte ich automatisch Schwedisch. Finnisch war die überall verbreitete Umgangssprache, so lernte ich zwangsläufig auch Finnisch. In Finnland lebten damals aber auch viele Flüchtlinge aus Russland. Mit vielen von ihnen war mein Vater noch aus seiner Zeit in Sankt Petersburg bekannt oder sogar befreundet. Daher verkehrten bei uns sehr viele dieser russischen Bekannten, die mit meinen Eltern Russisch sprachen. So lernte ich auch Russisch. Gegen das Lernen von Französisch, das mein Vater mir beibringen wollte, hatte ich jedoch eine solch starke Abneigung, dass ich mich innerlich weigerte, diese Sprache zu lernen. Der Grund für diese Abneigung war meine Beobachtung, dass mein Vater mit russischen Freunden dann Französisch sprach, wenn er meine Mutter, die nicht Französisch konnte, wohl aber Russisch wie die Gäste auch, von der Konversation ausschließen wollte. Französisch war die Hofsprache. Wenn die Gäste mit meinem Vater Französisch sprachen, veränderte sich ihr Ausdruck nach meiner Erinnerung, sodass er für mein Gefühl ausgesprochen aufgebläht und hochnäsig wirkte. Meine Mutter saß dann wie ein Aschenputtel in der Küche oder auch schweigend dabei, mit einem eher leidenden Ausdruck, der mir sehr wehtat. Dieses ganze Verhalten meines Vaters gegenüber meiner Mutter empörte mich außerordentlich und löste in mir einen Abscheu gegen Französisch aus. Mein Vater wollte aber, und an sich mit objektiv sehr guten Gründen, dass ich auch diese Sprache erlerne. Es war eine Torheit, dass ich meine Ablehnung des Verhaltens meines Vaters gegenüber meiner Mutter auf die dabei verwendete Sprache übertrug. Ich wäre später sehr glücklich gewesen, wenn ich auch diese Sprache gelernt hätte.

Es war wohl eine Mischung aus Lust am Spiel mit den Freunden und der Abneigung gegen die zu erlernende Sprache, dass ich mich diesen Lehrstunden nach Möglichkeit entzog. An einen Abend kann ich mich noch lebhaft erinnern, an dem ich nicht zur vorgeschriebenen Zeit nach Hause kam. Meine Mutter warnte mich schon, als ich ankam, dass mein Vater sehr böse sei, weil ich nicht rechtzeitig gekommen war. Er war inzwischen weggegangen. Vor seiner Rückkehr hatte ich große Angst. Als ich ihn kommen hörte, versteckte ich mich unter dem Küchentisch. Als ich seiner Aufforderung nicht folgte, herauszukommen, zog er mich an meinen Füßen heraus und dann gab es die erwarteten Prügel. Normalerweise erfolgten die Prügel mit Birkenruten auf das nackte Gesäß. Ob es damals auch so war, weiß ich nicht mehr. Ich kann mich aber auch nicht erinnern, dass es jemals effektiv zu einer solchen Lehrstunde gekommen wäre. Teilweise lag der Grund wohl auch darin, dass mein Vater zu sehr beschäftigt war. Auch die vielen Übersiedlungen und andere ablenkende Ereignisse und Sorgen um das tägliche Brot ließen meinen Vater dann mit der Zeit wohl selbst davon absehen, mich zum Französischlernen zu zwingen. Schließlich haben dann die Unruhen vor dem Kriegsausbruch die Sache wohl vergessen lassen. Später habe ich meine Dummheit sehr bedauert. Wie leicht hätte ich damals als Kind Französisch lernen können.

Schon in der Zeit in Perkijärvi, wo ich nur etwa sechs Jahre alt war, hat mir mein Vater abends immer vorgelesen, und zwar unter anderem eine deutsche Übersetzung Homers. Die Schilderungen des *Kampfes um Troja* und dann aber besonders *Die Odyssee* faszinierten mich. Ich kann mich noch lebhaft erinnern, welchen Eindruck mir die Geschichte mit dem Trojanischen Pferd machte und wie ich die Schilderung der Rückkehr des Odysseus in sein Haus und die Abrechnung mit den unverschämten »Freiern« aufnahm. Mein offenbar damals schon ausgeprägter Sinn für Gerechtigkeit hat mit Odysseus sozusagen gejubelt. Jedenfalls wurde damals schon in mir die Liebe zur Antike grundgelegt. Er las mir aber auch aus *Lederstrumpf* Indianergeschichten vor. Ich habe meinem Vater natürlich auch sonst mehr zu verdanken, als in diesem Rahmen geschildert werden könnte. Vor allem die Liebe zur Musik habe ich seinem Musizieren zu verdanken, das mich als Welt der Schönheit von Kindheit an begleitete.

Sehr eingeprägt hat sich mir die Erinnerung an ein Ereignis, das ziemlich bald nach unserer Ankunft in Perkijärvi geschah. Liebe Bekannte hatten wohl nur meinen Vater und mich, vielleicht auch meine Schwester Gunda, zum Abendessen eingeladen. Meine Mutter war jedenfalls mit Mia zu Hause geblieben. Plötzlich hörten wir Feueralarm. Den gab es übrigens ziemlich oft, weil in dieser Gegend – wie auch sonst in Finnland auf dem Lande und in kleineren Städten – fast alle Gebäude aus Holz gebaut waren. Wir ahnten daher nichts Schlimmes. Plötzlich kam irgendwie die Nachricht durch, dass es bei uns brenne. Dies löste bei meinem Vater und mir einen großen Schrecken aus. Ich hatte bereits große Häuser in hellen Flammen gesehen und stellte mir eine Katastrophe vor. Die gemütliche Stimmung des Abendessens verwandelte sich in gedrückte Erwartung dessen, was nun eigentlich geschehen war oder noch geschehe. Ich weiß es nicht, ob mein Vater nach dieser Nachricht gleich nach Hause eilte. Wenn Gunda dabei war, wurden wir jedenfalls zunächst bei den Gastgebern zurückgelassen. Mit unheimlichen Gefühlen warteten wir auf weitere Nachrichten. Ich kann mich noch irgendwie an eine Nachricht erinnern, dass der Brand glücklicherweise rasch gelöscht werden konnte und daher kein großer Schaden entstanden sei.

Gleichwohl gingen wir dann mit gemischten Gefühlen nach Hause. In der Wohnung roch es schon beim Eingang stark nach Brand, der in der Küche ausgebrochen war. Es war offenbar Glut aus dem Herd auf den Holzboden gefallen. Die Tapeten neben dem Herd hatten Feuer gefangen und die Holzwand war dadurch auch in Brand geraten. Diese Wand trennte uns von der Nachbarwohnung. Zum Glück war ausgerechnet der Feuerwehrhauptmann des Ortes unser Nachbar. Er hatte offenbar den Rauch durch die Wand gerochen und sofort Alarm geschlagen. Meine Mutter hatte zunächst nichts bemerkt, weil sie wohl ziemlich weit von der Küche entfernt mit Mia beschäftigt war. Plötzlich war die Feuerwehr in der Wohnung. Als wir heimkamen, sahen wir noch die verkohlte Holzwand neben dem Küchenherd. Aber sonst war nach meiner Erinnerung nicht viel passiert. Nur konnte ich in den folgenden Nächten sehr schlecht schlafen. Der starke Brandgeruch war durch das Lüften nicht so schnell aus der Wohnung zu bringen, und ich hatte damals sehr große Angst vor Feuer. Ich kann mich noch erinnern, dass am nächsten Tag der Feuerwehrhauptmann meiner Mutter Instruktionen gab, was sie tun solle, damit keine Kohlen mehr herausfallen konnten.

Ein Problem beim Löschen des Brandes war, dass es im Haus kein Fließwasser gab, um gleich löschen zu können. Ich weiß nicht mehr genau, wie weit der einzige Brunnen vom Haus entfernt war, von dem man das Wasser holen musste. Als Kind kam mir die Strecke sehr lang vor, wenn ich einen Kübel Wasser zum Haus tragen musste. Jeder Tropfen Wasser musste herbeigebracht werden. Ich schätze, dass der Brunnen etwa einhundert Meter oder etwas mehr vom Haus entfernt gewesen sein dürfte. Dazu war der Brunnen ziemlich tief. Man musste den gefüllten Kübel mit einer Kette über eine Kurbel von unten heraufholen. Ich brauchte alle Kraft dazu. Ich kann mich erinnern, dass mein Vater einmal beim Wasserholen von einem Ziegenbock attackiert wurde. Mein Vater schüttete ihm den gerade gefüllten Kübel Wasser über den Kopf, was den Ziegenbock zum Rückzug bewog.

In Perkijärvi durfte ich erstmals meinem Vater bei der Vorbereitung des Christbaumes behilflich sein. Wir fuhren mit Langlaufskiern in den tief verschneiten Wald, wo mein Vater einen passenden Christbaum aussuchte. Das war dort auf dem Land offenbar allgemein üblich. In den unübersehbar riesigen Wäldern gab es genügend Bäume, die ohnedies gefällt werden mussten. Wir transportierten dann den abgesägten Baum gemeinsam nach Hause. Was ich dabei als Hilfe beitragen konnte, weiß ich nicht, aber es war für mich natürlich ein tiefes Erlebnis. Zu Hause durfte ich dann auch aus buntem Papier Streifen ausschneiden und aus diesen Streifen Ringe anfertigen und zusammenkleben, die zu Ketten als Christbaumschmuck zusammengefügt wurden. Trotz aller Mitwirkung an der Vorbereitung war dann der Heilige Abend mit dem erleuchteten Christbaum eine überwältigende Überraschung.

Meine Mutter hatte mich auch mehrmals zum Einkaufen in das Lebensmittelgeschäft mitgenommen und ich durfte ihr beim Tragen der Sachen helfen. Später schickte sie mich gelegentlich auch allein in das Geschäft, das ziemlich weit vom Haus entfernt war. Ich dürfte damals zwischen fünf und sechs Jahren alt gewesen sein. Ein Problem auf diesem Weg ergab sich dadurch, dass man ein Bahngleis frei überqueren musste, wenn man nicht einen großen Umweg machen wollte. In dieser Gegend war, wie meistens in Finnland, der Bahndamm auf beiden Seiten durch einen relativ tiefen Graben vom anschließenden Grund getrennt. Als ich nun einmal im Winter in das Geschäft gehen musste, war der Graben mit Schnee zugeweht. Ich dachte: »Wie bequem!«, und ging tapfer drauflos. Aber plötzlich brach ich in den Schnee ein und fiel in den Graben. Ich versuchte verzweifelt, wieder herauszukommen, was sich als sehr schwierig erwies, weil der Schnee, über den ich hinaufklettern musste, immer wieder nachgab. Um die Oberkante des Grabens mit den Händen zu erreichen, war ich zu klein. Schließlich gelang es mir doch, herauszukommen, aber ich kam dann wohl sichtlich verstört und völlig durchnässt im Geschäft an. Ich kann mich noch lebhaft erinnern, wie die sehr freundliche Geschäftsfrau sich bemühte, mich zu trösten und zu beruhigen und mir dazu auch noch eine Orange schenkte. Ich glaube, dass dies wohl die erste Orange war, die ich je zu essen bekam. Ich erinnere mich dunkel, dass ich noch nicht wusste, wie man eine Orange überhaupt isst und mich daher sehr ungeschickt anstellte, sodass die Geschäftsfrau mir dabei helfen musste.

Mit Perkijärvi verbinden sich viele Erinnerungen an das Fischen mit meinem Vater. Mein Vater war ein begeisterter Fischer. Wir sind oft gemeinsam zum Fischen gegangen. Ein sehr beliebter Sport war das Fischen auf dem zugefrorenen See durch Eislöcher. Es standen dann oft viele, in dicke Pelze gekleidete Männer auf dem Eis, die ein Loch in das Eis geschlagen hatten und dann ihre Angelleine durch das Loch in tieferes Wasser gleiten ließen. Nach meiner Erinnerung hat auch mein Vater so Fische gefangen. Ich kann mich sogar erinnern, ihm selbst beim Schlagen des Loches in das Eis, das sehr dick war, geholfen zu haben. Als ich mit Esi im November 1992 von Sankt Petersburg aus diesen Ort und den See kurz besuchen konnte, war es für mich ein besonders bewegendes Erlebnis, auf dem zugefrorenen See wieder die angelnden Gestalten zu sehen. Leider reichte die Zeit nicht aus, den Platz zu suchen, wo wir gewohnt hatten. Das Haus wäre ohnedies sicher nicht mehr dort zu finden gewesen, weil in diesem Gebiet im Krieg wohl kein Haus stehen geblieben war. Alles wurde niedergebrannt.

Bei der Suche nach einem Forellenbach sind wir einmal mitten im Wald zu den von Erdbeerkraut überwucherten Grundmauern eines abgebrannten Hauses gekommen. Und um das Erdbeerkraut herum waren viele duftende Walderdbeeren zu sehen. Wir hatten leider kein Gefäß zum Sammeln von Erdbeeren mitgebracht. Ich glaube, es war bei dieser Gelegenheit, dass ich erstmals meinem Vater dabei helfen konnte, aus Birkenrinde einen Korb für die zu sammelnden Erdbeeren zu flechten. Wir hatten zwar keinen Forellenbach gefunden, aber in kurzer Zeit einen nicht kleinen Korb voller Erdbeeren sammeln können. Ein andermal waren wir an einem Forellenbach, an dem die Forellen, sobald man in die Nähe kam, unter die über den Bach führende Brücke flitzten. Trotz längeren

Wartens mit der Angel kamen sie nicht wieder heraus. Mein Vater entschloss sich dann einmal, zwei Steckangeln zurückzulassen, die in das Ufer hineingesteckt wurden, sodass sich der Haken mit Köder passend im Wasser befand. Ich weiß nicht, warum, aber offenbar waren wir nicht gleich am nächsten Tag nachsehen gegangen. Als wir dann später wieder zu den Angeln kamen, fanden wir zwar an beiden Haken Forellen vor, die aber schon zu lange tot und daher nicht mehr genießbar waren.

Durch das Fischen mit meinem Vater hatte ich gelernt, dass man zum Fischen nicht nur einen Stock, sondern auch eine Schnur mit einem Korken und einem Haken samt Würmern als Köder braucht. Ich war wohl ungefähr fünf Jahre alt. Einen richtigen Fischerhaken konnte ich mir damals nicht beschaffen. Deswegen nahm ich eine Stecknadel und bog sie zu einem Haken. Dieser Haken erwies sich jedoch als ungeeignet zum Fischen. Als das Eis auf dem See geschmolzen war, sah man um den Bootssteg herum eine Menge größerer und kleinerer Fische schwimmen. Ich glaubte, mit meiner Angel doch auch einen Fisch fangen zu können. Ich musste aber zusehen, wie die Fische an den Würmern an meinem Haken knabberten und zupften und schließlich einen Wurm nach dem anderen einfach vom Haken zogen, denn an meinem Haken fehlte der Widerhaken des richtigen Angelhakens, der verhindert hätte, dass die Fische die Würmer vom Haken ziehen konnten. Auf diese Weise konnte ich mit meiner Angel nichts ausrichten. Eine richtige Angel bekam ich erst viel später.

Um Perkijärvi herum gab es große Sümpfe, auf denen sehr viele Moosbeeren wuchsen. Das waren große rote, aber sehr saure Beeren, aus denen meine Mutter ein köst-

liches Kompott zubereiten konnte. Ich war ein begeisterter Moosbeerensammler, obwohl das nicht ungefährlich
war. Man musste sehr vorsichtig sein, um nicht plötzlich
im Sumpf zu versinken. Es gab auch viele Heidelbeeren,
Himbeeren und Preiselbeeren, dazu eine Art Beeren, die
zwar in der Form wie Himbeeren aussahen, aber gelb waren und einzeln auf Stengeln wuchsen, ähnlich wie die
Tollkirschen. Aus denen konnte man auch eine köstliche
Marmelade kochen.

In Perkijärvi habe ich aber auch erstmals die großen
wirtschaftlichen Schwierigkeiten erkannt, unter denen
mein Vater sehr gelitten haben muss. Er hatte es nicht geschafft, ein regelmäßiges Einkommen zu erwirtschaften,
das einigermaßen ausreichend gewesen wäre. Die wenigen Privatstunden mit Klavierunterricht reichten für eine Familie mit drei Kindern bei Weitem nicht aus. Wenn
eines seiner Konzerte gut besucht war, dann ließ mein Vater es der Familie gut gehen und besorgte für uns Lebensmittel zum Essen, die wir sonst nie zu Gesicht bekamen.
Aber dies führte in der Regel dazu, dass nach etwa zwei
Wochen dieses »Fest« vorbei war. Dann musste meine
Mutter sehen, wie sie uns Kindern etwas zum Essen auf
den Tisch bringen konnte. Wenn meine Mutter, die sehr
zart und klein von Gestalt war, dann meinen Vater in ihrer feinen und vorsichtigen Art um Geld für Lebensmittel bitten musste und er keines hatte, dann kam es bei
meinem Vater oft zu einem Wutausbruch. Dieser war aber
wohl aus Verzweiflung darüber, dass er das nötige Geld
nicht hatte beschaffen können, mehr gegen sich selbst
als gegen meine Mutter gerichtet. Gleichwohl erschreck-
ten mich diese Wutausbrüche zutiefst. Ich kann mich lebhaft daran erinnern, dass ich aus Verzweiflung über einen

besonders dramatischen Wutausbruch meines Vaters in ein anderes Zimmer rannte, mich dort flach auf den Boden warf und mir vor Schmerz mit beiden Händen Haare ausriss. Ich kann damals kaum schon sechs Jahre alt gewesen sein. Ich liebte beide Eltern zutiefst. Bei diesen Konflikten fühlte ich mich irgendwie zwischen beiden Eltern hin- und hergerissen.

In Perkijärvi – wie wohl auch anderswo auf dem Land – hatten wir keinen elektrischen Strom. Zur Beleuchtung dienten nur Petroleumlampen, mit denen ich selbst erst in Perkijärvi konkrete Erfahrungen machen konnte und musste. Eines Abends begann eine Lampe, die ich benutzte, zu erlöschen. Ich habe daraufhin den Docht etwas höher geschraubt. Daraufhin brannte das Licht wieder. Doch bald danach erlosch die Lampe wieder und ich schraubte den Docht wieder höher und das dann noch mehrmals. Ich merkte dabei nicht, dass ich mit der Zeit den ganzen Docht herausgeschraubt hatte, der schnell etwas Licht gab, aber dann verbrannt war, weil kein Petroleum mehr in der Lampe war. Statt Petroleum nachzufüllen, hatte ich mir mit dem Verbrennen des Dochtes Licht gemacht, bis schließlich der Docht ganz verbrannt war. Dann war das Licht endgültig aus.

Ebenfalls in Perkijärvi muss es gewesen sein, dass ich einmal abends ganz allein zu Hause war. Ich musste mir mein Abendessen selbst zubereiten und machte mir Bratkartoffeln. Wie ich das bei meiner Mutter gesehen hatte, gab ich zuerst etwas Butter in die Pfanne und danach die zerschnittenen Kartoffeln in die geschmolzene Butter. Als ich sie dann kostete, schmeckten sie nicht so wie bei meiner Mutter. Ich vermutete, dass es daran lag, dass ich zu wenig Butter genommen hatte, und fügte noch Butter hinzu. Aber immer noch schmeckten die Kartoffeln nicht richtig. Nachdem die Kartoffeln jedoch fast in Butter schwammen, habe ich sie gegessen, wie sie waren. Ich hatte es damals leider nicht erfasst, dass ich sie nur noch hätte salzen müssen.

Unsere Ernährung war im Hinblick auf die schwere wirtschaftliche Lage meines Vaters sehr einfach. Meine Mutter verstand es jedoch, für uns die einfachsten Sachen schmackhaft und interessant zuzubereiten. Zum Frühstück gab es »Tee mit Milch«. Der »Tee« bestand jedoch aus reinem heißem Wasser, das die Tasse zur Hälfte füllte. Die andere Hälfte wurde mit einer halben Tasse Milch aufgefüllt. Etwas Zucker gab es meist auch dazu, aber, wenn ich mich recht erinnere, war nur ein Stück Zucker pro Tasse erlaubt. Gewöhnlich gab es Schwarzbrot mit etwas Butter und, wenn vorhanden, auch selbst gemachte Beeren-Marmeladen. Gerade in Perkijärvi mussten wir Kinder nach dem Frühstück immer einen Löffel Lebertran schlucken. Dabei schüttelte es uns vor dem uns schrecklich vorkommenden Geschmack. Um dann den unangenehmen Fischgeschmack aus dem Mund zu bekommen, durften wir danach eine Zitronenspalte aussaugen. Zu den Hauptmahlzeiten aßen wir sehr oft Buchweizen- oder Haferbrei, jeweils mit etwas Milch. Ein Festtag war es schon, wenn es dann einmal Milchreis mit Zimt und Zucker gab. Kartoffeln spielten natürlich auch eine große Rolle. Oft wurden auch gebratene Kürbisscheiben gegessen, die ich besonders gerne mochte, auch gedünstetes Kraut oder Sauerkraut. Einmal kam mein Vater mit zwei lebenden jungen chinesischen Hähnen nach Hause, die für uns Kinder natürlich interessant waren und bei uns im Garten auch genug Nahrung fanden. Der eine von beiden gedieh gut, der andere nicht so gut. Am Ende ergaben dann doch wohl beide eine gute Mahlzeit. Wenn das Fischen erfolgreich war, gab es auch Fisch oder Fischsuppe. Selbst gesammelte frische oder getrocknete Pilze waren eine willkommene Bereicherung, je nach Jahreszeit auch selbst gesammelte Beeren, die im Sommer in großer Fülle in unserer Umgebung zu finden waren, und gelegentlich billiges Obst, manchmal Wassermelonen, die mein Vater noch von Russland kannte und sehr schätzte. Zu festlichen Gelegenheiten hatte meine Mutter immer selbst etwas gebacken, sei es Milchbrot oder verschiedene Kuchen und Kekse. Ich durfte ihr dabei zusehen und die Schüssel am Ende ausputzen und so von dem Teig kosten. Zu Ostern gab es nach russischem Brauch das »Pascha«, ein köstliches Gericht aus Quark (Topfen).

Die Besuche bei der Großmutter väterlicherseits müssen in der Zeit erfolgt sein, in der wir in Perkijärvi oder Terijoki gewohnt haben. Meine Großmutter ist im Jahr 1936 gestorben, als ich acht Jahre alt war. Damals lebten wir in Esboo. Von dort aus war ein Besuch wegen der großen Entfernung nicht mehr möglich. Ich musste daher jedenfalls jünger als acht Jahre gewesen sein, als ich sie mehrmals auch allein besuchte, weil mein Vater nicht immer mitkommen konnte. Man musste erst mit dem Autobus eine ganze Strecke fahren und dann noch ziemlich weit über Nebenstraßen gehen. Bei einem meiner Besuche ging ich in den Garten des Altersheimes, wo gerade Leute bei der Gartenarbeit waren. Sie baten mich kurzerhand, ihnen bei der Arbeit zu helfen. Ich erwiderte im ersten Moment, ich sei nur zu Besuch hier. Nachher schämte ich mich wegen dieser Antwort und ging in den Garten zurück, um ihnen wirklich zu helfen.

Einmal, als ich zusammen mit meinem Vater meine Großmutter besuchte, zog ein ungewöhnlich heftiges Gewitter auf. Die Bewohner des Hauses standen auf einer offenen Terrasse vor dem Haus, um das Schauspiel zu bewundern. Am Himmel hing eine tiefschwarze Wolke, aus der gewaltige Blitze schossen. Plötzlich sahen wir unter dieser Wolke eine ganz helle Wolke daherkommen, die sehr rasch, indem sie sich offenbar um sich drehte, unter der schwarzen Wolke dahinsauste. Nach meiner Erinnerung schossen auch aus dieser runden Wolke ständig kleine Blitze heraus. Es könnte aber vielleicht auch möglich sein, dass ich nur wegen der Drehung der Wolke diesen Eindruck hatte. Es war jedenfalls ein Schauspiel, das offenbar noch niemand in dieser Weise bis dahin gesehen hatte. Ich habe es auch seither nie mehr erlebt. Alle starrten das Phänomen gebannt an.

In einem Jahr waren wir an Weihnachten aus einem mir nicht bekannten Grund wohl statt in Perkijärvi in Viborg. Soweit ich mich erinnere, wohnten wir im katholischen Pfarrhof. Möglicherweise war mein Vater gebeten worden, zum Weihnachtsfest das Harmonium zu spielen. Am Heiligen Abend konnten wir damals keinen Christbaum bekommen. Weil ich bis dahin Weihnachtsgeschenke nur unter dem Christbaum kannte, war ich sehr traurig. Dann sah ich aber in der Kirche vor der Messe schon große Christbäume um den Altar stehen. In der festen Annahme, dass dort auch die Geschenke zu finden sein müssten, rannte ich zum Altar und suchte unter den Christbäumen nach Geschenken, aber es waren dort keine zu finden. Damit war für mich klar, dass es an diesem Weihnachtsfest keine Geschenke geben würde. Meine Eltern hatten aber dann doch irgendwelche Kleinigkeiten besorgt, die wir dann wohl im Zusammenhang mit dem Abendessen bekamen.

Nach meiner Erinnerung habe ich mir auch in Perki-järvi im Alter von wohl kaum sechs Jahren erstmals bewusst die Frage gestellt, was die Zukunft für mich wohl bringen werde. Besonders klar kann ich mich an eine Situation erinnern, in der diese Frage mich intensiv beschäftigte. Ich lag eines Tages im Frühsommer auf dem Rücken im Gras vor dem Haus, in dem wir wohnten, unter der ersten großen Birke der Birkenallee, die zum See führte. Ein überaus beglückender milder Wind strich mir über das Gesicht. Durch die Zweige der Birke sah ich am blauen Himmel aus der Ferne kommende weiße Wolken ziehen. Das öffnete anscheinend meinen kindlichen »Horizont« auf große Weiten hin. Es stand irgendwie die offene Welt vor meinem Geist, zwar voller Rätsel, aber die Welt, in die mein Leben getaucht sein würde. Die Frage, was dieses Leben konkret bringen wird, hat sich mir damals mit großer Wucht gestellt. Konkreter wurde diese Frage nicht lange danach in Terijoki, wo mein Vater in meiner Gegenwart mit einem Bekannten meine Zukunft besprach, vor allem wie man das Schulproblem für mich lösen könnte. Die Lösung dieses Problems hatte natürlich für meine ganze Zukunft eine große Bedeutung. Während dieses Gespräches, aus dem ich heraushörte, an welche Zukunftsaussichten für mich gedacht wurde, hatte ich den Deckel einer Blechdose für Süßigkeiten in der Hand und spielte mit diesem. Mit der rechten Hand drehte ich den Deckel auf der Fläche der linken Hand. Bei leichtem Druck kitzelte das nur irgendwie. Ich hatte dabei jedoch nicht mit der Schärfe der Kante dieses Deckels gerechnet. Als ich dem Deckel plötzlich zu viel Druck gab, fügte ich mir an der linken Hand eine Schnittwunde in Form des runden Deckelrandes zu. Ich kann mich noch dunkel erinnern, dass dieses Faktum meine damals eher getrübte Stimmung noch deutlich trüber werden ließ.

Ich vermute, dass es wohl von Perkijärvi aus war, dass ich in ein Kloster zu Schwestern nach Viborg gebracht wurde. Diese Schwestern organisierten für katholische Kinder aus einem größeren Umkreis Vorbereitungswochen für die Erstkommunion. Ich weiß nicht mehr, wie viele Wochen es waren, jedenfalls mindestens zwei oder drei. In dieser Zeit hatten wir einen sehr intensiven Religionsunterricht, an den ich sehr schöne Erinnerungen behielt. Das Klostergebäude lag nahe am Meeresstrand, der Boden des Hofes bestand aus weichem Sand. Wir Kinder hatten da gleich einen Sport entdeckt, für den sich der Boden ideal eignete. Vom Klostereingang führte eine Stiege in den Hof, von der man gut abspringen konnte. Man musste jedoch der Wand entlang in den weichen Sand springen und konnte nicht geradeaus über die Stiege hinunterspringen, wohl weil sich am Ende der Stiege eine feste Platte befand. Als ich nun einmal gerade sprang, öffnete eine Schwester ein neben der Stiege gelegenes Fenster. Ich sprang mit dem Kopf in die Fensterscheibe, die zerbrach und mir eine tiefe Schnittwunde an der Stirn zufügte, die sehr stark blutete. Die Schwestern waren natürlich in heller Aufregung, ich wurde mit reichlich Jod behandelt und bekam dann einen großen Verband um den Kopf. Bis zur Erstkommunion war die Wunde jedoch bereits wieder verheilt. Ich kann mich erinnern, dass die Erstkommunion mich tief bewegte. Sie fand am Ende der Vorbereitungswochen in der katholischen Kirche in Viborg statt.

Nur in Viborg oder später in Helsingfors hatten wir die Möglichkeit, regelmäßig an den Sonntagen an der hl. Messe teilzunehmen. Wenn ich mich recht erinnere, wurden mein Vater und ich einmal von Bekannten aus Perkijärvi zur Mitternachtsmesse in eine russisch-orthodoxe Kirche mitgenommen. Auf der Fahrt dorthin sahen wir plötzlich einen feuerroten Himmel. Irgendwo brannte offenbar ein Haus, was gerade an Weihnachten durch Christbaumbrände leider nicht selten vorkam.

In Viborg konnte ich öfter meine Großmutter mütterlicherseits besuchen, die dort lebte. Dort traf ich auch öfter die Schwester meiner Mutter, Tante Elsa, und deren Tochter Pia, die beide sehr lieb zu mir waren. Mein Großvater mütterlicherseits war bereits gestorben, als meine Mutter zwölf Jahre alt war, was im Jahr 1908 gewesen sein musste. Wie meine Mutter berichtete, wurde ihr Vater, der mit ihr und ihrem Bruder Hugo auf dem Meer segeln war, bei einem plötzlich auftretenden Sturm von dem unteren Segelbalken am Kopf getroffen und über Bord geschlagen. Die Kinder mussten zusehen, wie er ertrank. Sie haben es aber dann dennoch geschafft, das Boot an Land zu bringen.

Mein Großvater väterlicherseits ist im Jahr 1916 gestorben. Ihm blieb daher die Flucht vor der Revolution erspart.

5. Terijoki, Tschetweruchin-huvila

Warum es eines Tages dazu kam, dass wir von Perkijärvi nach Terijoki übersiedelten, weiß ich nicht. Ich weiß nur, dass ein russischer Fürst in Terijoki wohnte, der von uns Onkel Asan genannt wurde. Er zeigte meinem Vater und mir dort eine günstige Wohnung, die ihm gehörte. Ich kann mich erinnern, dass diese Wohnung auf mich einen sehr unangenehmen Eindruck machte. Sie roch stark modrig und schien sehr feucht zu sein. Mein Vater entschloss sich dann, in Terijoki, das nahe an der russischen Grenze und am Meer lag, ein Häuschen zu mieten, das aber nur als Strandhaus für den Sommer geeignet war und, wenn ich mich richtig erinnere, *Tschetveruchin-huvila* hieß. Der Vermieter war offenbar ein Russe. Jedenfalls hatten wir dort mehrere russische und andere Freunde und Bekannte zu Gast. Vom Strand aus, der nur durch einen schmalen Waldstreifen vom Haus getrennt war, konnte man bei guter Sicht Kronstadt, den Hafen von Sankt Petersburg, sehen. Es kam sogar wiederholt vor, dass man bei einer bestimmten Luftspiegelung Kronstadt und die Schiffe verkehrt, also mit der Oberseite nach unten, am Himmel fahren sehen konnte. Das hat mich natürlich sehr fasziniert.

In Terijoki verschärften sich die Konflikte zwischen meinen Eltern. Dort verletzte es mich noch stärker, dass mein Vater mit russischen Freunden bei Tisch demonstrativ Französisch sprach, besonders weil auch eine mir gegenüber an sich sehr freundliche und sehr elegante Dame dabei war. Ich fühlte mich für meine Mutter selbst so verletzt, dass sich meine tiefe Abneigung gegen die französische Sprache und ihre Ablehnung noch verstärkten.

Während wir in Perkijärvi offenbar immer genug Holz zum Heizen hatten, scheint das in Terijoki nicht so gewesen zu sein. Denn dort nahm mich mein Vater zum »Holzjagen« mit. Das ging so vor sich, dass wir an eine starke und lange Schnur einen Stein banden. Der Stein wurde dann über trockene Äste von Bäumen geworfen. Dann zogen wir den Ast mit der Schnur herunter, bis er abbrach und wir ihn mitnehmen konnten. Es passierte aber manchmal, dass der Ast stärker war als wir und sich nicht abbrechen ließ. Dann konnten wir in der Regel auch die Schnur nicht mehr herunterbekommen. Wenn wir keine Reserveschnur bei uns hatten, musste die Aktion abgebrochen werden. Aber auf diese Weise konnten wir oft nicht wenig Holz sammeln.

6. Terijoki, Haus auf einem Hügel

Für den Winter übersiedelten wir jedoch aus *Tschetveruchin-huvila* in ein festeres Haus auf einem Hügel. An das Haus selbst habe ich keine klare Erinnerung mehr. Es muss jedoch dort gewesen sein, dass ich einmal das gerade angelieferte Holz im Hof hacken durfte. Ich habe dabei härtere Stücke – es war wohl Birkenholz – nur dadurch spalten können, dass ich zunächst die Axt fest in den Holzblock schlug. Dann hob ich den Block mit der Axt bis über meinen Kopf hoch und versuchte, mit einem kräftigen Schwung den Block mit der Axt so herunterzuschlagen, dass er sich spaltete. Dabei passierte es einmal, dass ich durch den Schwung beim Herunterschlagen den Stiel aus der Axt herausriss – er war offenbar zu locker befestigt – mit der Folge, dass mich Axt und Block im Gesicht trafen. Zum Glück traf mich der Schlag knapp unterhalb des einen Auges an der Backe. Aber ich erinnere mich noch deutlich, wie mir danach das Gesicht anschwoll und ganz blau wurde.

An einem sternenklaren Winterabend sah ich plötzlich am nördlichen Himmel so etwas wie Scheinwerferstrahlen über den Himmel streifen. Ich beobachtete dieses Spiel und sah, wie sich die Strahlen allmählich verdichteten, bis sie wie ein gewaltiger Vorhang von blauem Licht erschienen, der vom Wind in Bewegung gesetzt wurde und sich in großen Wellen über den Himmel bewegte. Dies war wohl das erste Mal, dass ich ein Nordlicht von seinem ersten Anfang an so in der ganzen Entfaltung beobachten konnte. Es war für mich jedenfalls ein ganz großer Eindruck und ein unvergessliches Erlebnis.

In Terijoki begann für mich auch die Volksschule. Es gab keine andere als die finnische. Die Klasse war für Mädchen und Buben gemischt. Von der ersten Klasse an mussten die Buben wie die Mädchen Handarbeiten lernen. Die erste Aufgabe bestand darin, einen Topflappen zu häkeln. Soweit ich mich erinnere, wurde mein Topflappen so hart, dass meine Mutter sagte, das sei ja ein Brett.

Mit dem Beginn der Schule und des Lesenlernens dürfte ich auch erstmals einen deutschsprachigen Schulkatechismus in die Hand bekommen haben, den ich mit großer Begeisterung studierte. Die Bilder waren so aussagekräftig und verständlich, dass ich schon durch das Betrachten der Bilder und das zunächst noch mühsame Lesen der Begleittexte vieles lernen konnte. Dieser Katechismus vermittelte mir sicher mit der Zeit schon damals eine solide Glaubensgrundlage. Sie musste sich nicht lange danach bereits gegen erste Angriffe seitens einer protestantischen Verwandten meiner Mutter bewähren, worauf ich noch zurückkommen werde.

Auf dieser Glaubensgrundlage konnte dann später aufgebaut werden, besonders durch die Glaubensstunden während der Kriegszeit in Salzburg. Damals wurde die für uns zuständige Pfarre *St. Elisabeth* in Salzburg von ausgezeichneten Jesuitenpatres betreut. Wir hatten in der

Sakristei der damals nur erst existierenden Unterkirche einmal in der Woche regelmäßig Glaubensstunden, die mir außerordentlich viel gaben. Ich muss hier einflechten, dass der genau gegenüber der Sakristei befindliche Pfarrhof der Pfarre *St. Elisabeth* von der SS beschlagnahmt und besetzt war. Die Glaubensstunden fanden also in der verdunkelten Sakristei gegenüber dem von den Exponenten der Glaubensfeinde besetzten Pfarrhof statt, was uns die Bedeutung des Glaubens natürlich noch viel tiefer begreifen ließ.

Für meinen Vater war die finnische Volksschule nicht das, was er sich für mich wünschte. Eine Deutsche Schule gab es jedoch nur in Helsingfors. Es wurde daher ein Weg gesucht, mir den Besuch der Deutschen Schule zu ermöglichen. Dazu mussten wir zumindest nahe bei Helsingfors wohnen. So entschlossen sich meine Eltern, in einen Ort nahe bei Helsingfors zu übersiedeln, und zwar zunächst nach Esboo.

7. *Esboo bei Helsingfors, wohl 1936/37*

In Esboo wohnten wir in einem kleinen Haus auf einem felsigen Hügel, das einer sehr freundlichen Frau gehörte. Die Lage des Hauses hatte sich in meinem Gedächtnis so stark eingeprägt, dass ich sie bei meinem seit 1939 ersten Besuch in Finnland im Mai 1995 zeichnen konnte. Mein finnischer Fachkollege, den ich traf, wohnte zufällig in Esboo. Ich zeigte ihm meine Zeichnung. Er fragte mich, ob ich jetzt dort gewesen sei und die Zeichnung aufgrund des Augenscheins erstellt habe oder aber aus dem Gedächtnis. Ich antwortete, dass dies nur aus dem Gedächtnis erfolgt sei. Er bestätigte, dass die Zeichnung genau stimme, auch wenn sich dort baulich vieles verändert habe und der Bahnhof jetzt wie ein S-Bahnhof gestaltet sei. Wie wir aber dann sehen konnten, befindet sich das alte Bahnhofsgebäude auch noch dort, wenn auch inzwischen als Blumengeschäft genutzt. Die Lage im Verhältnis zur Straße, zum Bahnhof und zu einer Brücke, die hinter dem Haus über die Eisenbahn führte, die dort in einem Durchbruch den Felsen durchquert, machte es leicht, die Position genau zu bestimmen. Als wir dort eintrafen, sah ich, dass die alte Brücke nicht mehr existierte, auf der wir als Kinder so oft gestanden waren, um zu erleben, wie der Zug unter uns durchfuhr und uns in eine Rauchwolke hüllte. Aber die Brückenköpfe der alten Brücke waren noch vorhanden. Daneben war eine neue, breitere Brücke gebaut worden, weil die Straßen seit der Zeit unseres Aufenthaltes dort insgesamt neu ausgebaut und wesentlich verbreitert worden waren. Mit Hilfe dieser Fixpunkte konnte ich das Haus sofort finden, in dem wir gewohnt hatten. Die Bäume um das Haus waren freilich inzwischen so groß geworden, dass man das Haus nicht leicht sehen konnte. Es ist wegen seiner durch den Hügel und die Straße etwas eingeengten Position offenbar von den sonstigen Verbauungen in der damals noch kaum bebauten Gegend unberührt und so vor Zerstörung bewahrt geblieben. Es dürfte eines der wenigen überhaupt dort noch erhaltenen älteren Häuser sein: ein kleines Holzhaus, wenn auch mit einem Obergeschoss, in einer Gegend, wo sonst inzwischen große Mietshäuser stehen. Der Wald, den ich oft durchquerte, um eine bekannte Familie zu besuchen, existiert nicht mehr. Das betreffende Gelände ist inzwischen völlig verbaut. Ich fürchte, dass wohl auch das sehr schöne Haus dieser Familie der Großverbauung hatte weichen müssen. Esboo ist inzwischen aus einem kleinen Dorf zu einem Großstadtvorort angewachsen.

Von Esboo aus konnte ich bequem mit dem Zug nach Helsingfors in die Schule fahren, die ganz nahe beim Bahnhof lag. Als ich mit Esi 1995 erstmals seit unserer Abreise im Dezember 1939 Helsingfors besuchen konnte, habe ich zu meiner Freude feststellen können, dass sich die Schule immer noch im gleichen Gebäude befindet. Der Direktor begrüßte uns sehr freundlich und zeigte uns einen Jubiläumsband der Schule, in dessen Schülerverzeichnis auch ich verzeichnet war. Esi fühlte sich gedrängt, dem Direktor jene Begebenheit zu erzählen, über die ich gleich berichten werde.

Wenn ich so lange Unterricht hatte, dass es mit dem Zug zu spät geworden wäre, um zum Essen nach Hause zu kommen, oder ich gar noch am Nachmittag Unterricht hatte und daher über Mittag in Helsingfors bleiben musste, gab mir meine Mutter etwas Geld mit, damit ich in einem Billigrestaurant namens *Elanto* in der Nähe des Hafens etwas essen konnte. Wenn ich zum *Elanto* ging, kam ich notwendigerweise am Hafen vorbei. In dieser Zeit überwältigte mich eines Tages die Sehnsucht, mir den Hafen und das Be- und Entladen der Schiffe einmal ausgiebig anzuschauen. So entschloss ich mich kurzerhand, vom Zug direkt zum Hafen, statt in die Schule zu gehen. Der Hafen übte auf mich als Kind eine besondere Faszination aus. Es ergab sich jedoch dann das Problem, wie ich eine Entschuldigung für das Fehlen in der Schule bekommen konnte. Am nächsten Tag wollte ich mich krank stellen, aber meine Mutter durchschaute das Spiel und so musste die Wahrheit herauskommen. Ich kann mich an ihre

Reaktion auf mein Verhalten nicht mehr erinnern, aber wohl deswegen, weil keine dramatische Strafe folgte. Der Direktor nahm Esis Bericht über diese Begebenheit humorvoll auf und sagte, es habe mir offenbar nicht geschadet, denn es sei aus mir doch etwas geworden.

In Esboo lernten wir ein sehr freundliches Ehepaar namens Ärlund kennen (wenn ich mich an den Namen richtig erinnere). Herr Ärlund war begeisterter Bienenzüchter. Ich konnte ihm besonders in den Sommerferien oft bei seiner Arbeit mit den Bienen zuschauen. Dabei geschah ein besonders aufregender Vorfall, als ein Bienenvolk ausschwärmte und sich wie eine riesige Traube auf einem Obstbaum niederließ. Herr Ärlund begoss die Bienen aus einer Gießkanne mit Wasser, um ihnen den Eindruck zu vermitteln, dass es regnete und sie nicht wegfliegen konnten. Ich kann mich an die Einzelheiten nicht erinnern, aber es war offenbar eine ziemlich schwierige Prozedur, das Bienenvolk wieder in sein Bienenhaus zurückzubringen.

Es geschah auch in Esboo, dass meine Mutter gerade an ihrem Geburtstag sehr krank im Bett lag. Bei uns gab es zu den jeweiligen Geburtstagen immer einen geflochtenen Milchbrotkranz, den meine Mutter oft gebacken hatte. Ich hatte daher bei der Zubereitung oft zusehen können. Als nun meine Mutter zu ihrem Geburtstag diesen Kranz wegen ihrer Krankheit nicht zubereiten konnte, dachte ich, es sei unmöglich, dass es zu Mamas Geburtstag keinen Milchbrotkranz gebe. Kurz entschlossen begann ich, einen solchen zu machen. Ich war damals acht Jahre alt. Ich hielt mich genau an das, was ich bei Mama so oft gesehen hatte, und siehe da, nach meiner Erinnerung sah der Milchbrotkranz nicht viel anders aus, als wenn ihn Mama selbst gemacht hätte, und er schmeckte auch nicht viel anders. Für Mama war das eine besondere Überraschung.

8. *Aalberga bei Helsingfors, wohl 1937/38*

Unser Aufenthalt in Esboo kann insgesamt nicht sehr lange gedauert haben. Eines Tages übersiedelten wir nach Aalberga, das etwas näher bei Helsingfors lag. Das Haus, in dem wir wohnten, war ziemlich weit vom Bahnhof entfernt, aber es verkehrte ein Autobus, mit dem ich zur Schule und wieder zurückfahren konnte.

Aalberga lag nahe am Meer. Gegenüber dem Haus, in dem wir wohnten, befand sich ein für meine damaligen Begriffe relativ hoher Felsblock. Eines Tages, als ich mit einigen Nachbarsfreunden auf dem Heimweg von der Schule zusammentraf, sahen wir hinter diesem Felsen eine gewaltige schwarze Rauchwolke aufsteigen. Wir rannten auf den Felsen und sahen auf dem gegenüberliegenden Ufer einer Meeresbucht ein großes Stallgebäude lichterloh brennen.

Wir stürzten nach Hause und nahmen unsere Schlitten, auf Schwedisch *sparkstötting* genannt. Das sind Schlitten mit ziemlich langen Eisenkufen, auf denen vorne ein Sitz montiert ist, der an der Rückenlehne auf beiden Seiten einen Griff hat. Der »Fahrer« steht hinter dem Sitz mit dem linken Fuß auf der linken Kufe und stößt den Schlitten mit dem rechten Fuß ab. Auf dem blanken Eis kann man dabei ein beachtliches Tempo des Schlittens erreichen, vorausgesetzt, dass man Schuhe anhat, die ihrerseits auf dem Eis nicht rutschen. Es gab dafür eine besondere Art von Zacken, die man am rechten Schuh befestigen konnte. Wir nahmen also diese Schlitten und waren im Nu auf dem Eis des noch zugefrorenen Meerbusens. Wir steuerten direkt, quer über den Meerbusen, das brennende Gebäude an. Als wir etwa auf der Mitte des Meerbusens waren, begann das Eis unter unseren Schlitten zu krachen. Es bekam Sprünge, durch die Wasser herausquoll. Die langen Kufen der Schlitten verhinderten es aber, dass wir durchbrachen. Aber in dem tödlichen Schrecken, der uns erfasste, wandten wir uns in Richtung auf das nächstliegende Ufer zu. Als wir jedoch merkten, dass dort das Eis wieder fest war, fuhren wir wieder auf unser Ziel zu, das wir dann auch problemlos erreichten. Erst später wurde mir klar, dass wir, wenn wir eingebrochen wären, von niemandem hätten gefunden werden können. Wir wären einfach ertrunken und vom Erdboden verschwunden gewesen. Der riesige Brand übte eine solche Faszination auf uns Buben aus, dass uns die damit verbundene Gefahr nicht bewusst wurde. Das Gebäude, das brannte, war ein sehr großes landwirtschaftliches Gebäude mit einem riesigen Stall. Die vielen geretteten Kühe standen noch draußen herum. Bis wir zu dem Gebäude kamen, war der Brand schon weitgehend gelöscht. Aber immer noch zuckten an manchen Stellen plötzlich wieder Flammen auf. Nachdem wir alles besichtigt hatten, fuhren wir mit unseren Schlitten wieder über das Eis zurück, aber diesmal näher am Strand, wo das Eis fest gefroren war.

In Aalberga wohnte im gleichen Haus ein junges Ehepaar mit einem neugeborenen Baby. Mein Vater musste feststellen, dass Briefe an uns durch das Ehepaar offenbar aus dem gemeinsamen Postkasten gestohlen wurden. Ein Brief mit Geld, von dem mein Vater wusste, dass er eintreffen sollte, war verschwunden. Daraufhin bastelte mein Vater einen fingierten Brief an uns zusammen und steckte Geldscheine in Millionenbeträgen aus der deutschen Inflation in den Briefumschlag. Auch dieser Briefumschlag war bald aus dem Postkasten verschwunden und das Ehepaar reiste umgehend nach Helsingfors, wohl um das vermeintliche Geld in einer Bank umzuwechseln. Dieses nun manifeste Faktum veranlasste uns, den Diebstahl bei der Polizei anzuzeigen. Mein Vater nahm mich dabei mit zur Polizeiwachstube. Ich erinnere mich noch, dass der Polizeibeamte eher mürrisch und unwillig war, sich der Sache anzunehmen. Es geschah dann auch meines Wissens nichts.

Besonders gut kann ich mich noch an eine Begebenheit in Aalberga erinnern. Es war dort viel die Rede von Einbrüchen. Eines Tages waren meine Eltern am Abend weg und wir Kinder allein zu Hause. Wir alle bekamen Angst vor Einbrechern. Ich wollte – als der Älteste – meine Schwestern beruhigen und »beschützen«. Ich weiß nicht, ob mein Vater damals seine Gaspistole mitgenommen hatte. Jedenfalls fand ich nur Patronen. Ich nahm eine Patrone in die linke Hand und einen Gegenstand in die Rechte, mit dem ich die Zündkapsel der Patrone so hätte einschlagen können, dass der Schuss losgegangen wäre. Ich dachte damals, dass die Patrone selbst in einem solchen Falle heil bliebe und nur das Gas herausschießen würde, mit den Sägespänen, die auch in der Patrone waren und die dem Angreifer in die Augen gehen sollten, um ihn kampfunfähig zu machen. Wahrscheinlich wäre aber im Ernstfall die Patrone in meiner Hand explodiert. Ich fühlte mich jedoch damals gut bewaffnet gegen einen Einbrecher. Mit der Patrone und dem Schlägel in Händen saß ich stundenlang hinter der Eingangstür. Ich weiß nicht, wie lange es dauerte. Meine Eltern kamen nach meiner Erinnerung damals erst sehr spät nach Hause und ich hatte nicht gewagt, ins Bett zu gehen, bevor sie zurückkamen.

Ein Schockerlebnis hat für mich leider Folgen für meine Beziehung zu Hunden nach sich gezogen. Die Familie eines meiner Freunde hatte ein sehr schönes Haus mit einem großen Garten und einem Schäferhund. Das Grundstück reichte auf der Südseite nach meiner Erinnerung bis an den Meeresstrand. Wir spielten an der Südseite des Hauses. Um zum Gartenausgang zu kommen, der an der Nordseite des Hauses lag, musste man um das Haus herumgehen. Das tat ich, um nach Hause zu gehen. Als ich die Nordseite des Hauses erreichte, stürzte der Hund auf mich zu und stellte sich vor mich hin, indem er heftig knurrte und mit den Zähnen fletschte. Bei jeder geringsten Bewegung im Bemühen, zum Gartenausgang zu gelangen, knurrte er wieder so drohend. Ich stand wie gelähmt still, um nicht gebissen zu werden. Ich weiß nicht, wie lange es dauerte, bis ich ganz vorsichtig die erste Bewegung wagte. Mir kam es damals jedenfalls wie eine Ewigkeit vor. Rückwärts gehend versuchte ich, mit vorsichtigen Bewegungen das Gartentor zu erreichen. Bei jeder Bewegung knurrte der Hund auf und zeigte mir wieder seine Zähne. Nach einiger Zeit vergrößerte sich der Abstand zwischen uns. Als mir der Abstand zum Hund groß genug erschien und ich nahe genug am Gartentor war, um es mit einer schnellen Bewegung zu öffnen und hinauszukommen, riskierte ich das Manöver. Es gelang und ich konnte das Gartentor schnell wieder schließen. Damit war ich gerettet und die ungeheure Anspannung wich von mir. Ich glaube, ich zitterte am ganzen Körper und die Beine trugen mich fast nicht mehr, als ich nach Hause lief. Ich weiß nicht mehr, ob ich danach je wieder meinen Freund in seinem Haus besucht habe. Seit damals hatte ich jedenfalls vor Hunden lange Zeit große Angst.

Eine bemerkenswerte Erinnerung ist für mich unvergesslich mit Aalberga verbunden. Ich weiß nicht mehr, wieso und wie ich dort erstmals eine »Musik« gehört habe, von der mir gesagt wurde, das sei Jazz. Möglicherweise hatten unsere Nachbarn ein Radio, aus dem diese »Musik« tönte. Aber deutlich erinnere ich mich an die Wirkung, die diese »Musik« in mir erzeugte. Ich hatte das klare Bewusstsein, dass diese »Musik« alles in mir mobilisierte, das ich, soweit damals möglich, doch schon als das Böse in mir erkennen konnte, das Gott beleidigt und das zu überwinden ich mich, soweit ich konnte, bemühte. Trotzdem war ich alles andere als ein »braves Kind«. Aber ich litt unter meinen erkennbar bösen Neigungen, denen ich leider nur zu oft nachgab. Ich wusste aber auch, dass man gegen diese Neigungen kämpfen muss. Ich dürfte damals wohl erst neun Jahre alt gewesen sein. Als mir die Realität der erbsündig gefallenen Natur mehr bekannt wurde und ich die Zusammenhänge besser zu begreifen lernte, hat sich diese Erfahrung mehr und mehr verdeutlicht. Ich empfand diese »Musik« als eine Verzerrung des Schönen, das ich von frühester Kindheit durch meinen Vater ständig hören durfte, auch wenn ich es noch nicht verstand. Aber wie wohl jeder unverbildete Sinn Schönes vom Hässlichen, Verzerrten und Verzerrenden leicht unterscheiden kann, sah ich immer deutlicher, dass sich in dieser »Musik« ein Geist ausdrückt, der etwas Dämonisches an sich hat. Es ist eine Entstellung des Schönen, die selbst entstellend wirkt. Inzwischen ist mehrfach nachgewiesen worden, dass vor allem die Rockmusik mit dem Satanismus unserer Zeit zusammenhängt. Wenn man den sinnlichen Rausch von Jugendmassen am Fernsehen sieht, die zu Rockkonzerten versammelt sind, dann wird niemand bezweifeln können, dass diese Musik Hemmungslosigkeit bewirkt und in Verbindung mit dem Sexualkundeunterricht in den Schulen zweifellos wesentlich zur sexuellen Enthemmung der Jugend beigetragen hat. Die menschliche Sexualität ist zum Konsumartikel der Lust- und Spaßgesellschaft geworden. Der weitgehende sittliche Verfall ist heute leider die nicht zu übersehende traurige Frucht dieser Einflüsse. Heute muss ich mich wundern, dass mir als neunjährigem Kind diese Wirkung einer Antimusik, wie ich sie nennen möchte, bereits im Grunde so klar bewusst war. Heute muss ich diese Musik, die einem so oft ungewollt aufgezwungen wird, als akustische Umweltverschmutzung bezeichnen.

Schöne Musik, die ich, wie gesagt, durch meinen Vater von frühester Kindheit an in mich aufgenommen habe, hat für mich in den schwersten Phasen meines Lebens im wahren Sinne des Wortes eine geradezu lebensrettende Bedeutung gehabt.

9. *Kexholm/Käkisalmi*, 1938/39

Vermutlich im Frühjahr 1938 sind wir von Aalberga nach Käkisalmi/Kexholm am Ladogasee übersiedelt. Deshalb musste für mich in Helsingfors ein Quartier für die Schulzeit gefunden werden. Denn nun konnte ich nicht, wie von Esboo oder Aalberga aus, täglich nach Helsingfors zur Schule fahren. Mein Vater wusste, dass niederländische

Missionsschwestern in Helsingfors eine Internatsschule führten. Jedenfalls erklärten sich die Schwestern schließlich dazu bereit, mich in das Internat aufzunehmen, obwohl ich nicht ihre finnische Schule, sondern die Deutsche Schule besuchen sollte.

Ein für mich erfreulicher Aspekt dieser Internatszeit war, dass ich mit vielen sehr guten gleichaltrigen Buben zusammenkam, für die zudem ein ganz ausgezeichneter junger Mann irgendwie als Betreuer wirkte. Ich erinnere mich nicht mehr, ob er mit einer großen Zahl von Buben im gleichen Schlafsaal schlief, aber er war jedenfalls am Nachmittag, wenn ich von der Schule zurückkam, oft bei den Buben. Ich erinnere mich noch, dass er an die Gründung einer katholischen Jugendgruppe dachte und mit uns überlegte, was für eine Uniform man für sie schaffen sollte. Dabei wollte er sie nicht an die Pfadfinderuniform angleichen, weil er offenbar wusste, dass inzwischen auch die HJ in Deutschland Braunhemden trug. Er wollte daher etwas, was anders aussah. Ich erfuhr aber dann nicht mehr, wie die Sache ausging, weil ich dann nicht mehr im Internat war. Denn als zu Beginn des Schuljahres 1939/40 der Kriegsausbruch unmittelbar bevorzustehen schien und wir von einer »Heimführung der Volksdeutschen ins Reich« erfahren hatten, bin ich in diesem Schuljahr nicht mehr nach Helsingfors gefahren. Ich bin auch sonst wegen der Umstände der bevorstehenden Abreise aus Finnland dort nicht mehr zur Schule gegangen.

Meine Erfahrungen im Internat selbst waren teilweise betrüblich. Es gab jedenfalls eine sehr freundliche Schwester, und zwar die Köchin. Eine Schwierigkeit ergab sich dadurch, dass mein Stundenplan in der Deutschen Schule anders war als der des Internats. Wenn ich von der

Schule ins Internat kam, hatten die Internatszöglinge längst gegessen. Schon die Tatsache, dass ich eine andere Schule besuchte als die des Internats, verminderte bei manchen Schwestern wohl die Sympathie mir gegenüber etwas. Wenn die Küchenschwester bei meiner Rückkehr von der Schule noch da war, hatte sie wohl in der Regel ein Essen für mich warmgehalten. Wenn sie aber nicht mehr da war, gab es nur kaltes Essen. Die Schwester, der die Aufsicht über den Schlafsaal übertragen war, in dem ich schlief, war offenbar von allen Buben gefürchtet. Sie hatte unter den Buben den Spitznamen *harakka* (»Elster«). Weil mein Vater wusste, dass meine Schuhe schon sehr zerrissen und nicht mehr reparierbar waren, sandte er an die Internatsleitung Geld, damit eine Schwester mit mir für den Winter Schuhe kaufen konnte. Gleichzeitig war jedoch mein Vater offenbar den Betrag für die Internatskosten schuldig geblieben. Es ging dann zwar eine Schwester mit mir Schuhe kaufen, aber es wurden für den Winter ein Paar billige Turnschuhe aus Segeltuch mit Gummisohlen gekauft. Den Differenzbetrag, den man für richtige Schuhe hätte ausgeben müssen, verrechnete das Internat offenbar mit der Schuld meines Vaters. Dies bedeutete, dass ich bis Weihnachten im Schneematsch des Herbstes und dann später im Schnee mit Turnschuhen unterwegs war, was bei solchen Verhältnissen bedeutete, dass ich meist nasse oder sehr kalte Füße hatte. Ich kann mich nicht mehr sicher erinnern, aber ich glaube, dass ich zu Weihnachten nach Hause fahren durfte und dann doch noch irgendwie Schuhe für den Winter bekam.

In der Internatszeit wurde ich mindestens einmal, soweit ich mich sicher erinnern kann, von der protestantischen Familie, wahrscheinlich eines Onkels, eines Bruders meiner Mutter, zum Essen eingeladen. Besonderen Eindruck machte mir damals etwas, was ich als besondere Delikatesse empfand, nämlich marinierter Kürbis. Ich kann mich an diese Einladung jedoch auch deswegen noch so lebhaft erinnern, weil die Frau meines Onkels sich mir gegenüber in sehr abfälliger Weise über die »Dummheit« des katholischen Glaubens äußerte, wohl um mich davon abzubringen. Ich war jedoch damals schon in der Lage, die wirkliche Dummheit ihrer Argumente zu erkennen, denn sie hatten, wie ich klar sah, mit der Realität des katholischen Glaubens nichts zu tun. Sie beruhten vielmehr auf völliger Unkenntnis der Realität und auf bloßen Vorurteilen. Daher hatten ihre Behauptungen eine ihrer Absicht entgegengesetzte Wirkung: statt mich im Glauben zu erschüttern, bestärkten sie mich. Wenn eine gläubige Protestantin gegen den katholischen Glauben nichts anderes vorzubringen wusste als ihre völlig absurden Argumente, dann sah ich, dass ihre Position eine sehr armselige war.

Die Ferien verbrachte ich in Käkisalmi. Dort hatten wir eine sehr liebe Familie Reunanen kennengelernt, die einen gleichaltrigen Sohn hatte. Herr Reunanen war Eigentümer oder jedenfalls Miteigentümer der großen Zellulosefabrik in Käkisalmi. Diese Fabrik hat übrigens im Ladogasee eine Umweltkatastrophe verursacht. Die Abwässer der Fabrik waren einfach in den See abgeleitet worden. Damals meinte man wohl, ein solch großer See würde das schon verkraften. Aber ich erinnere mich noch, dass die Strände des Ladogasees, jedenfalls um Käkisalmi herum, voll von verendeten Fischen waren. Im Jahr 1939 war das volle Ausmaß dieser Umweltkatastrophe bereits in aller Munde.

Reunanens besaßen neben einem stattlichen Haus in der Stadt auch ein sehr schönes Haus an einem schönen See, nicht weit von Käkisalmi entfernt. Der Sohn und ich wurden rasch gute Freunde. Die Familie wünschte allerdings, dass ich ihrem Sohn die deutsche Sprache beibringe. Sie hatten ihm daher gesagt, dass ich kein Finnisch sprechen könne und er deshalb mit mir Deutsch reden müsse. Er konnte schon etwas Deutsch. Es ließ sich jedoch nicht verbergen, dass ich sehr wohl Finnisch konnte. So ist wohl der Hauptzweck, den die Eltern in unserer Beziehung sahen, leider kaum erreicht worden. Deutsch haben wir nicht viel gesprochen. Ich wurde aber dennoch zum Sommeraufenthalt im Haus am See eingeladen. Die erste Fahrt dorthin erfolgte spät abends in einem neu erworbenen deutschen Volkswagen. Das muss wohl im Sommer 1938 gewesen sein. Mitten zwischen Wiesen und Wald stockte der Motor des Volkswagens und versagte schließlich definitiv den Dienst. Ich glaubte zuerst in der Dunkelheit, dass Funken um uns herumsprühten, aber es waren, wie bei näherem Hinschauen klar wurde, nur besonders viele Leuchtkäfer, die um den Wagen schwirrten. Ich kann mich nicht erinnern, was dann eigentlich geschah. Wir Buben sind hinten im Auto einfach eingeschlafen. Ich erinnere mich nur noch, dass ich mich danach in einem Bett vorfand. Wann und wie wir an das Ziel gekommen waren, weiß ich nicht. Ich weiß nur, dass in der Zeit bis zum Einschlafen alle Bemühungen von Herrn Reunanen, den Wagen in Bewegung zu setzen, vergeblich waren.

Reunanens hatten ein Bootshaus und eine Sauna direkt am See. Man konnte daher nach dem Schwitzen in der Sauna vom Bootssteg direkt in den See springen, was sehr erfrischend war. Der Strand um das Bootshaus herum war dicht mit Schilf bewachsen und eignete sich nicht zum Baden. In relativ geringer Entfernung befand sich jedoch ein Stück herrlicher Sandstrand vollkommen frei und unberührt. Wir, das heißt die Kinderfrau, die uns Buben dorthin begleitete, und wir Buben ruderten zu diesem Strand, den wir wegen des schönen Sandes *Sahara* nannten, und badeten dort. Ich durfte auch mit einem Boot allein fischen. Ich erinnere mich, dass ich einmal innerhalb verhältnismäßig kurzer Zeit so viele Fische mit einer einfachen Angel fing, dass es für eine Mahlzeit für alle Hausbewohner reichte. Herr Reunanen nahm uns Buben auch in seinem Motorboot zum Fischen mit. Er fuhr dann mit dem Motorboot entlang dem Schilfgürtel und wir zogen an Angelschnüren Blinkfische nach. Ich habe dabei wohl einige Male nichts gefangen. Doch einmal fühlte ich an meiner Angelleine einen so heftigen Ruck, dass ich sie fast nicht mehr halten konnte. Dann sah man plötzlich einen für meine Begriffe riesigen Fisch aus dem Wasser springen und dort wieder verschwinden. Herr Reunanen half mir, die Angelschnur einzuziehen. Der Fisch wehrte sich heftig. Schließlich konnten wir ihn in das Boot hieven. Es war in der Tat ein großer Hecht und wir hatten alle Mühe, ihn im Boot zu überwältigen. Ich erinnere mich, dass ich einen Biss an der linken Hand abbekam, von dem die Narbe am linken Daumen noch immer sichtbar ist. Wie später festgestellt werden konnte, wog der Hecht immerhin mehr als fünf Kilo. Ich durfte ihn dann meinen Eltern bringen und die Familie bekam davon einige köstliche Mahlzeiten.

Der Aufenthalt in diesem Haus am See war für mich in vieler Hinsicht überaus abwechslungsreich und erfreulich. Es waren gleichzeitig mit mir auch noch zwei Brüder dort, die älter als ich, aber wohl beide noch unter zwanzig Jahren waren. Ich weiß nicht, in welcher Beziehung sie zur Familie Reunanen standen. Der eine dieser Brüder war offenbar ein sehr edler junger Mann, mit dem ich mich sehr gut verstand. Er machte sich wegen seines jüngeren Bruders Sorgen, weil er sich, wie er meinte, mit den Mädchen aus der Umgebung einlasse. Die Brüder waren sehr sportlich. Sie hatten eine Stoppuhr und wir liefen auf Zeit. Damals zeigte sich schon, dass ich mit den Älteren im Laufen durchaus mithalten konnte. Viele Details dieser Zeit sind mir nicht mehr so gut in Erinnerung, dass es sinnvoll wäre, zu versuchen, sie wiederzugeben. Ein Detail hat sich mir jedoch begreiflicherweise unvergesslich eingeprägt, und das war das leider für mich unrühmliche Ende meiner Aufenthalte in diesem schönen Haus. Eines Tages spielte ich mit dem Sohn Reunanen beim Bootshaus. Da hatte ich die verhängnisvolle Idee, herauszufinden, ob Benzin im Wasser brennen würde, wenn man es ins Wasser schüttete. Wir nahmen etwas Benzin aus einem der Kanister und schütteten es vom Bootssteg aus in das Wasser. Dann warf ich ein brennendes Zündholz auf den Benzinfleck. Der Fleck brannte sofort lichterloh. Was ich jedoch nicht bedacht hatte, war, dass der Fleck nicht an dem Ort blieb, wo er angezündet worden war. Der Wind trieb ihn auf dem Wasser in Richtung Schilfgürtel. Zu Tode erschrocken erkannte ich die Gefahr. Wenn er den Schilfgürtel erreichen würde, geriete dieser in Brand, mit ihm das Bootshaus und alles, was am Strand wäre. Aber zum Glück war das Benzin vor dem Schilfgürtel verbrannt und es passierte nichts. Mein Schreck und mein schlechtes Gewissen waren aber so groß, dass ich nicht mehr wagte, in das Haus meiner Gastgeber zurückzukehren. Ich verbrachte die Nacht bei anderen Leuten. An die Einzelheiten kann ich mich nicht mehr erinnern. Jedenfalls bin ich am nächsten Morgen, ohne mich bei meinen Gastgebern zu verabschieden, nach Käkisalmi zurückgefahren. Ich schäme mich noch heute dafür, dass ich damals so gehandelt habe. Es wurde mir nachträglich erklärt, dass der Sohn von Reunanens die Sache den Eltern gestanden habe und damit war die Sache für ihn bereinigt. Hätte ich damals den Anstand und die Demut gehabt, es auch so zu tun, wäre die Sache auch für mich bereinigt gewesen. Aber ich hatte damals leider nicht den Anstand und die Demut dazu. Mit der Zeit hat sich dann dieser Knäuel bei mir doch gelöst und ich durfte in Käkisalmi wieder in das Haus von Reunanens kommen und mit ihrem Sohn spielen. Dies war aber dann schon im Schatten des offensichtlich bevorstehenden Krieges. Ich erinnere mich, dass Reunanens für sich Gasmasken angeschafft hatten. Wir konnten das nicht. Mein Vater fertigte aber nach einer zum Schutz der Bevölkerung verbreiteten Anleitung selbst aus Flanellstoff, der mit Holzkohlenstaub gefüllt wurde, primitive Gasmasken an.

III. Das große Nordlicht im September 1939

Ein ganz außergewöhnliches Ereignis war im September 1939 das unvorstellbar gewaltige Nordlicht. Ich war an dem Tag am späten Nachmittag mit meinem Vater in ein Kino gegangen. Gespielt wurde *Robin Hood the Outlaw*. Ich kann mich noch an viele Details dieses mich damals sehr bewegenden Filmes erinnern. Es begann schon zu dunkeln, als wir in das Kino gingen. Ich erwartete daher, dass es nach dem Ende des Films bereits ganz dunkel sein würde. Stattdessen war es taghell. Der ganze Himmel war überzogen mit einem wogenden Feuermeer in verschiedenen Farben, von Hellgelb über helles Rot bis zu Dunkelrot, Violett und Blau. Ich kann mich nicht erinnern, grünes Licht gesehen zu haben, was freilich nicht ausschließt, dass es das auch gab. Wir standen lange gebannt vor diesem Phänomen. Es war wirklich der ganze Himmel über uns von diesem Feuermeer überzogen, von Nord bis Süd, von Ost bis West, bis zum jeweiligen Horizont. Es dauerte nach meiner Erinnerung mehrere Stunden, bis dieses Nordlicht allmählich schwächer wurde und schließlich ganz verblasste. Die Menschen rundherum waren äußerst aufgeregt und betroffen. Viele, auch mein Vater, sagten, das bedeute Krieg.

Tatsächlich begannen unsere Nachbarn und viele andere danach, die Kellerfenster mit Rasenwällen zu sichern. Das finnische Volk war damals absolut entschlossen, einem russischen Angreifer erbitterten Widerstand zu leisten. Als elfjähriger Bub habe ich damals an diesen Maßnahmen zur Vorbereitung der Verteidigung begeistert mitgeholfen. Ich habe »Rasenziegel«, das heißt Rasenstücke in der Form von Ziegeln, ausgestochen, die dann von anderen zum Aufbau des Walles weitergereicht wurden. Diese Maßnahmen erwiesen sich jedoch im tatsächlichen Krieg wohl als völlig unwirksam. Ich habe in einem Buch über diesen Krieg ein Bild von Käkisalmi nach dem Krieg gesehen. Von einem einzigen Gebäude, das gemauert war – es war die evangelische Kirche – standen noch die Mauern, sonst sah man nur noch die Reste der gemauerten Kamine der Häuser. Alles andere war niedergebrannt worden. Kein einziges Haus war auf dem Bild mehr zu sehen.

IV. Unsere letzte Zeit in Finnland

Bald erreichte uns über die Deutsche Botschaft in Helsingfors die Nachricht, dass eine »Heimführung der Volksdeutschen in das Reich« vorbereitet werde. Weil wir uns immer als Österreicher gefühlt haben, hatte mein Vater sich wohl bei der Österreichischen Botschaft registrieren lassen. Er wollte sich dann offenbar sogar um die österreichische Staatsbürgerschaft bemühen. Jedenfalls reiste er am 12. März 1938 zur Österreichischen Botschaft in Helsingfors. Als er dort ankam, herrschte größte Aufregung und Verwirrung. Mein Vater erfuhr, dass Hitlers Truppen gerade in Österreich einmarschiert waren und Österreich nicht mehr existiere. Sehr niedergeschlagen kehrte mein Vater nach Hause zurück. Infolge der Annexion Österreichs durch Deutschland kamen wohl die Akten der Österreichischen Botschaft zur Deutschen Botschaft. Aus diesen Akten erkannte man uns wohl als Österreicher in Finnland an, die dann automatisch zu den »Volksdeutschen« in Finnland gezählt wurden. Weil mein Vater jedoch aus den übermittelten Nachrichten nichts Konkretes entnehmen konnte, reiste er nach Helsingfors, um sich nun bei der Deutschen Botschaft über die Einzelheiten der Aktion zu informieren. Der sehr freundliche Botschafter fragte meinen Vater, wo die Familie sei. Er antwortete: »In Käkisalmi.« Der Botschafter war entsetzt und sagte meinem Vater, die Familie müsse augenblicklich von dort weg. – Käkisalmi liegt auf einer Landbrücke

zwischen dem Finnischen Meerbusen und dem Ladogasee, ziemlich in der Mitte und auf der Seite des Sees. –
Wenn die Russen auf der Nordseite des Sees vorstoßen
würden, wären wir abgeschnitten und könnten nicht
mehr heraus. Der Einmarsch der Russen stehe unmittelbar bevor. Daher müssten wir sofort Käkisalmi verlassen.
Mein verzweifelter Vater rief unsere Nachbarn aus Helsingfors an, um uns diese Nachricht sofort zu übermit-
teln. Wir selbst hatten kein Telefon. Am nächsten Morgen mussten wir Käkisalmi verlassen. Meine arme Mutter mit drei Kindern von elf, noch nicht neun und sieben
Jahren musste zusammenpacken, was wir mit ihr am
nächsten Morgen zu dem ziemlich weit entfernten Bahnhof tragen konnten. Alles andere blieb, wie es lag und
stand, in unserer Wohnung. Wir gaben dem Vermieter die
Schlüssel und pilgerten am nächsten Morgen zum Bahnhof. Am Bahnsteig standen schon eine Menge Menschen.
Dann kam ein mit Flüchtlingen bereits rettungslos über-
füllter Zug an. Es gab ein schreckliches Gedränge. Man
wollte uns das Gepäck nicht mitnehmen lassen, weil der
Platz für Menschen gebraucht würde. Als meine Mutter
erklärte, dass wir Finnland verlassen und dies alles sei,
was wir noch mitnehmen konnten, wurde ein Weg für das
Gepäck gefunden. Dass wir als kleine Kinder dabei waren,
half meiner Mutter, doch für uns auch im Zug irgendwie
einen Platz zu finden. Das nächste Ziel der Fahrt war zunächst Viborg, wo meine Großmutter mütterlicherseits
noch lebte. In Viborg befanden wir uns schon nicht mehr
in der unmittelbaren Gefahrenzone. Wir blieben nach
meiner Erinnerung mindestens einen Tag in Viborg, um
uns von meiner Großmutter und meinen Tanten, wie uns
bewusst war, für immer zu verabschieden. Dann folgte die

abenteuerliche Fahrt von Viborg nach Helsingfors. Wieder in einem überfüllten Zug mussten wir an vielen kleinen Bahnhöfen warten, bis die Transporte zur Front, für die beide Gleise gleichzeitig benutzt wurden, durch waren. Ich habe die dunkle Erinnerung, dass die Fahrt dadurch, statt vielleicht sechs bis sieben Stunden, mindestens einen Tag und eine Nacht lang gedauert hat, wenn nicht sogar zwei Tage. Ich kann mich nur dunkel erinnern, dass die Verpflegung der Kinder in dieser Zeit ein schweres Problem war. Wie meine Mutter das alles meisterte, weiß ich nicht mehr.

Endlich kamen wir in Helsingfors an. Mein Vater wartete natürlich schon sehr unruhig auf uns. Die Deutsche Botschaft quartierte uns zunächst in einem Hotel ein. Als jedoch klar wurde, dass die Abreise nach Deutschland sich doch noch verzögern würde, musste für uns ein anderes Quartier gefunden werden. Der katholische Missionsbischof in Finnland bot uns sein direkt am Meer gelegenes Sommerhaus *Stella Maris* als Quartier für die Zeit bis zur Abreise an. Es lag in Westend, einem Bezirk am westlichen Stadtrand von Helsingfors. Dort wohnte auch schon die Familie des königlich-jugoslawischen Konsuls, nach meiner Erinnerung mit zwei Buben, die beide jünger waren als ich. Als der Herbst voranschritt und die kalten Stürme über das Meer den Sommersitz zunehmend unwirtlich machten, musste für Brennholz gesorgt werden. Weil weder solches vorhanden war noch Geld, um welches zu besorgen, kam ich auf die Idee, die zahlreichen im umliegenden Föhrenwald vorhandenen Baumstümpfe auszugraben und zu Brennholz zu verarbeiten. Die Wurzelstöcke waren sehr harzreich und brannten ausgezeichnet. Ich hatte mir damals sogar eine Maschine ausgedacht, die das Ausgraben sehr erleichtert hätte, aber es kam nicht mehr dazu, dies zu realisieren. Immerhin hatte ich so viele Wurzelstöcke ausgegraben, dass für die kälter werdende Zeit gegen Ende November ein kleiner Vorrat an Holz vorhanden war.

In dieser Zeit hatte mein Vater praktisch kein Einkommen. Er hatte einige Privatschüler in Helsingfors. Bis zu den vorgesehenen Klavierstunden waren es jedoch noch drei volle Tage und es war nichts mehr zum Essen da. Nach drei Tagen Hunger konnten mein Vater und ich nur zu Fuß nach Helsingfors gehen, denn weder für die Bahn noch für den Bus war Geld vorhanden. Ich kann mich natürlich nicht erinnern, wie lange wir wirklich zu Fuß nach Helsingfors marschierten. Mir hat sich eine Erinnerung von einer Zeit zwischen zwei und drei Stunden eingeprägt, das könnte vielleicht stimmen. Als wir in Helsingfors ankamen, sagte mir mein Vater, wo ich ihn am Abend nach der letzten Klavierstunde treffen sollte. Den ganzen Tag ging ich in Helsingfors mit knurrendem Magen herum, sah in den Auslagen von Konditoreien die köstlichsten Sachen und auch sonst in Lebensmittelgeschäften alles, was den Hunger hätte stillen können. Der Tag war sehr lang, auch wenn es bereits früh dunkel wurde. Zu der angegebenen Zeit ging ich zu dem Haus, in dem ich bei der Familie, bei der die letzte Klavierstunde vorgesehen war, meinen Vater treffen sollte. Ich läutete und eine sehr freundliche Frau öffnete die Tür. Ich fragte nach meinem Vater und sie sagte, er sei leider noch nicht eingetroffen. Dann fügte sie hinzu, sie seien gerade beim Abendessen. Sie lud mich sehr freundlich ein, hereinzukommen und mit ihnen zu essen. Ich aber wusste, dass ich unter meinem Mantel eine Knickerbockerhose trug, bei der beide Knie zerrissen waren, sodass meine nackten Knie herausragten. Ich hätte bei Annahme der freundlichen Einladung natürlich meinen Mantel ausziehen müssen. Weil ich mich wegen der zerrissenen Hose jedoch schämte, das zu tun, habe ich die freundliche Einladung dankend abgelehnt und es vorgezogen, unten auf der Straße auf meinen Vater zu warten. Ich glaube, dass mein Vater wegen der Verspätung die letzte Klavierstunde verschob, sodass wir dann gleich zum Bahnhof gehen und nun mit dem Zug zurückfahren konnten. Mein Vater hatte inzwischen auch Lebensmittel eingekauft und mir bereits im Zug etwas zu essen geben können.

V. Der erste Bombenangriff auf Helsingfors und unsere Abreise von Finnland

Weil die Zeit unseres Wartens auf die Abreise verstrich und es nicht mehr so akut nach Kriegsausbruch aussah, überlegten meine Eltern, nach Käkisalmi zurückzufahren, um wenigstens unsere Sachen dort etwas zu ordnen. Um mehr Klarheit über die Lage zu bekommen, fuhren meine Eltern mit meinen Schwestern, wie sich meine Schwester Gunda noch genau erinnert, nach Helsingfors, um sich in der Deutschen Botschaft über den Stand der Dinge zu informieren. Vom Haus *Stella Maris* aus musste man nach Helsingfors über fünf mehr oder weniger lange Brücken fahren, wenn man nicht einen ganz großen Umweg um die ganze Stadt bis auf deren Nordseite machen wollte. Die letzte Brücke endete nahe am Kriegshafen, an dem die Kriegsschiffe lagen. An diesen Hafen schloss ein großer Platz an, an dessen Nordseite damals die Technische

Hochschule stand, ein mächtiges Gebäude. Als der Autobus, mit dem meine Eltern mit meinen Schwestern gefahren waren, an diesem Platz angekommen war, ertönte Fliegeralarm. Der Autobus blieb stehen, alle mussten aussteigen und wurden gebeten, in den Keller der Technischen Hochschule zu gehen. Als sich dann länger nichts tat, wurde vor allem meine Mutter unruhig. Sie wusste mich mit zwei ziemlich wilden Buben des jugoslawischen Konsuls allein im *Stella Maris*. Dort hatte ich damals auf diese aufzupassen, weil deren Eltern ebenfalls weg waren. Weil ich, nebenbei gesagt, mit dem älteren der beiden Buben einfach nicht fertig werden konnte, habe ich ihn nach Indianermanier an ein Tischbein eines sehr großen und schweren Tisches gefesselt.

Meine Eltern entschlossen sich schließlich, den Keller zu verlassen und zu sehen, wie sie das Haus *Stella Maris* erreichen konnten. Auf dem Platz vor der Technischen Hochschule stand ein Taxi. Meine Mutter bat den Taxifahrer, meine Eltern mit Gunda und Mia zum *Stella Maris* zu fahren. Der Taxifahrer sagte, er dürfe bei Fliegeralarm nicht fahren. Meine Mutter erklärte ihm, dass Kinder allein zu Hause seien und sie unbedingt dorthin müsse. Daraufhin erklärte sich der Taxifahrer bereit, sie zumindest aus der Stadt zu fahren. Wie sie dann eigentlich zum Haus *Stella Maris* gekommen sind, weiß ich nicht. Es wurde jedenfalls sehr spät, und ich war in entsetzlicher Angst um sie. Denn bald, nachdem meine Eltern den Keller verlassen hatten und aus der Stadt waren, erfolgte der erste Bombenangriff auf Helsingfors. Der Kriegshafen war sozusagen natürlicherweise das erste Ziel für einen massiven Bombenangriff. Dabei wurde auch das Gebäude der Technischen Hochschule völlig zerstört. Wir haben gehört, dass alle Menschen, die im Keller waren, getötet wurden. Auch der Taxifahrer hätte nicht überlebt, wenn er mit seinem Wagen auf dem Platz stehen geblieben wäre. Der Platz war, wie wir vor unserer Abreise sehen konnten, voller riesiger Bombentrichter. Die Alleebäume um den Platz, auf dem auch das Taxi gestanden hatte, waren wie abrasiert.

Ich hatte die Sirenen des Fliegeralarms im Haus *Stella Maris* gehört. Ich stand am Strand und beobachtete, was nun kommen würde. Ich glaube, dass ich sah, wie die Bomber über das Meer herankamen. Nachdem sie über die Stadt geflogen waren, hörte ich über das Meer die entsetzlichen Detonationen der Bomben. Weil aber zwischen der Stadt und *Stella Maris* eine Insel lag, konnte ich nicht direkt sehen, wo die Bomben niedergegangen waren, aber ich sah die schwarzen Explosionswolken in den Himmel aufsteigen. Nach dem Angriff flogen die russischen Bomber auf ihrem Rückflug genau über *Stella Maris* auf das Meer hinaus. Auf einem Hügel hinter dem Haus war eine Flak-Stellung, von der aus auf die Flugzeuge geschossen wurde, und vor *Stella Maris* auf einer Insel befand sich nochmals eine Flak-Stellung. Ich selbst habe nicht gesehen, dass ein Flugzeug getroffen worden wäre, aber ich hörte, dass doch welche abgeschossen wurden. Diese Flak-Stellung erschien als große Gefahr für *Stella Maris*, weil sie ein Angriffsziel für die Bomber sein konnte.

Angesichts dessen, was ich von dem Angriff mitbekommen hatte, war ich in sehr großer Sorge um meine Eltern und Schwestern. Es wurde später und später und auch schon dunkel und ich hörte nichts von ihnen. Ich erinnere mich nicht mehr, wie spät es war, als sie dann plötzlich kamen. Aber sie kamen wohlbehalten an. Das war für mich natürlich eine überaus große Freude und Erleichterung. Wie wir erst am nächsten Tag erfuhren, hätten sie nicht mehr zurückkommen können, wenn sie im Keller der Technischen Hochschule geblieben wären.

Nach dem ersten Bombenangriff wurde das Internat aus Helsingfors in das Haus *Stella Maris* verlegt. Wir mussten uns dann mit einem sehr beengten Raum zufriedengeben. Mich persönlich kränkte es sehr, dass mein wirklich sehr mühsam zusammengebrachter Holzvorrat nun, ohne zu fragen, von den Ankömmlingen aufgebraucht wurde. Aber dafür kam auch sehr bald die Nachricht, dass wir zur Abreise nach Helsingfors kommen sollten. Inzwischen hatte ein zweiter Bombenangriff stattgefunden. Wir fuhren nach dem zweiten Bombenangriff mit sehr gemischten Gefühlen auf einem offenen Lastwagen über den großen Umweg nach Helsingfors, weil die Brücken gesperrt waren. Bei der Abreise vom Haus *Stella Maris* tauchten plötzlich russische Flugzeuge auf, die aber nur Flugzettel abwarfen. Es waren Zettel mit russischer Propaganda, um der Bevölkerung weiszumachen, dass Finnland an diesem Kriege die Schuld trage. Während der Fahrt tauchten wieder Flugzeuge auf. Wir wurden aufgefordert, vom Lastwagen herunterzuspringen und im Straßengraben in Deckung zu gehen. Inzwischen war bekannt geworden, dass russische Tiefflieger auf alles schossen, was sich am Boden bewegte. Es war bereits dunkel, als wir endlich in Helsingfors ankamen. Wir gingen zunächst in jenes *Elanto*-Restaurant in der Nähe des Hafens, in dem ich manchmal gegessen hatte, wenn ich über Mittag in der Schule bleiben musste. Gerade als wir das Essen auf den Tisch bekommen hatten, war wieder Fliegeralarm. Wir mussten alles stehen lassen und in einen Luftschutzgraben in einen nahe gelegenen Park gehen. Bald kam jedoch Entwarnung. Wir konnten den Graben verlassen, ohne dass etwas geschehen war. Nur war natürlich unser Abendessen inzwischen erledigt. Durch Verwandte hörte ich, dass dieser Graben bei einem späteren Angriff, als wir längst nicht mehr in Finnland waren, für viele Menschen zur tödlichen Falle wurde.

Die erste Nacht verbrachten wir nicht in Helsingfors, sondern bei dem Ehepaar Ärlund in Esboo. Ich glaube, dass wir nur für eine Nacht dort waren. Jedenfalls mussten wir die letzte Nacht vor der Abreise in Helsingfors verbringen. Die ständige Angst vor Bombenangriffen ließ uns nur mit sehr gemischten Gefühlen dorthin fahren. Diese letzte Nacht durften wir in dem Internat verbringen, in dem ich selbst gewohnt hatte. Weil die Internatsbewohner großteils inzwischen ins Haus *Stella Maris* gezogen waren, war dort Platz genug. Auf den Straßen in Helsingfors lagen überall Glassplitter, die von den durch den Luftdruck zerstörten Fenstern stammten. Es roch penetrant nach dem besonders unangenehmen Bombenrauch und nach dem Rauch von den vielen Bränden. Die Angst vor weiteren Bombenangriffen wurde durch eine Nachricht etwas gemildert, dass die Russen bis zur Abreise unseres Schiffes keine Bombenangriffe mehr durchführen würden, weil mit diesem Schiff auch das gesamte Personal der Russischen Botschaft nach Reval gebracht werde. In der Tat gab es auch keinen Angriff mehr bis zu unserer Abreise.

Am folgenden Morgen, es war nach meiner leider nicht exakten Erinnerung der 3. oder 4. Dezember 1939, gingen wir mit unseren wenigen Habseligkeiten, die wir tragen konnten, zum Hafen. Unser Schiff lag am Kriegshafen vor dem großen Platz vor der Technischen Hochschule. Daher sahen wir dort die noch immer rauchenden Trümmer des völlig zerstörten Gebäudes, das für meine Eltern und meine Schwestern beinahe den Tod bedeutet hätte. Vor dem Schiff stand bereits eine große Menschenmenge. Wegen uns Kindern wurden meine Eltern beim Einschiffen bevorzugt behandelt. Wir durften verhältnismäßig bald auf das Schiff, das ein großes Lastschiff war, mit dem vorher Pferde nach Finnland gebracht worden waren. Wir wurden in einen Laderaum geführt, in dem wir auf dem bloßen Stahlboden mit dem Rücken gegen die kalte Stahlwand Platz nehmen durften. Etwas Stroh von den vorher transportierten Pferden lag noch herum, aber es reichte nicht für alle als etwas wärmende Unterlage für die kalten Stahlplatten. Das Einschiffen dauerte dann jedoch den ganzen Tag bis weit in die Dunkelheit hinein. Nach meiner Erinnerung waren es über tausend Personen, die auf das Schiff kamen. Wir hörten dann, dass die Abfahrt erst am nächsten Morgen stattfinden werde, weil man wegen der durch den heftigen Sturm losgerissenen Treibminen nicht in der Dunkelheit fahren konnte. Der Hafen von Helsingfors war durch einen Minengürtel gesichert worden. Die Treibminen hatten schon Tage vorher zu spektakulären Explosionen an den Klippen der Küste geführt, an die sie angeschwemmt wurden. In der Nacht sah man dann auch den Blitz der Explosion. In der Dunkelheit hätte man schwimmende Minen nicht sehen können und eine Kollision mit einer solchen hätte wohl den Tod vieler Menschen bedeutet. Unser Schiff wurde außerdem für den Notfall von einem anderen, etwas kleineren Schiff begleitet, bis wir aus dem Minengürtel heraus waren.

VI. Die Fahrt nach Stettin

Als der Morgen graute, fuhr das Schiff endlich ab. Mit dem letzten Blick auf Helsingfors hatten wir noch immer die rauchenden Trümmer der Technischen Hochschule vor uns. Der besonders penetrant riechende Rauch, in dem auch der Rauch der Bomben enthalten war, hatte an Intensität nichts verloren. Bis zur Abfahrt hatten wir bereits fast einen ganzen Tag und eine Nacht auf dem Schiff zugebracht. Der Transport sollte zunächst nur nach Reval gehen, wo ein als Flüchtlingstransporter ausgebautes anderes Schiff auf uns wartete. Das Schiff von Helsingfors nach Reval war in keiner Weise für Personentransport eingerichtet. Es war ein großes deutsches Frachtschiff, jedoch mit einer chinesischen Besatzung. Nur der Kapitän und die Offiziere waren Deutsche. Die chinesische Besatzung hatte eine eigene Küche auf Deck, aus der es übel stank. Voraussetzungen für die Verpflegung der Menschenmenge gab es auf dem Schiff nicht. Man hatte offenbar gemeint, für die normalerweise drei Stunden für die Überfahrt von Helsingfors nach Reval sei dies nicht notwendig. Man hatte aber nicht mit den Schwierigkeiten wegen der Minen gerechnet. Ich sah, dass unser Schiff sich sehr langsam entlang der Schären, ganz nahe an der Küste, fortbewegte. Als es dunkel wurde, ging das Schiff vor Anker. Wir lagen die Nacht über irgendwo nahe der Küste, wo man noch immer den Rauch der Trümmer der Technischen Hochschule roch. Der heftige Sturm erzeugte Wellen, die das stehende Schiff ziemlich schaukelten. Ich spürte kurze Zeit eine aufkommende Übelkeit, die aber zum Glück durch Bewegung wieder verging. Wir hatten ja auch bereits seit dem Tag davor nichts mehr zu essen gehabt. Unser Gepäck, in dem sich etwas Proviant befand, war in einem riesigen Kofferberg in einem anderen Laderaum. Es schien aussichtslos, dort danach zu suchen. Am nächsten Morgen ging die Fahrt noch immer sehr langsam entlang der Schären weiter. Bis zum Abend waren wir noch nicht aus dem Minengürtel herausgekommen. Eine dritte Nacht ohne Verpflegung oder auch nur etwas zum Trinken ließ die Stimmung an Bord tief sinken. Am folgenden Morgen sahen wir, dass wir noch gar nicht weit von Helsingfors entfernt waren. Man sah noch die markante Kuppel der evangelischen Hauptkirche von Helsingfors. Die Situation mit dem Durst der Menschen war inzwischen so akut geworden, dass uns plötzlich heißes Wasser zum Trinken bereitet wurde. In der Not versuchten die Menschen dann auch, doch ihr Gepäck herauszufinden, und auch wir fanden dann schließlich unser Gepäck. Viel zu essen hatten wir aber nach meiner Erinnerung nicht mit. Man hatte in naiver Weise mit der normalen Überfahrtszeit gerechnet. Am Nachmittag schließlich nahm das Schiff Kurs auf Reval und fuhr nun mit voller Kraft. Bald danach erschienen russische Kriegsschiffe, die uns umkreisten. Es hieß, dass dies zur Begrüßung des Personals der Russischen Botschaft geschah, die wir an Bord hatten.

In Reval legten wir an einem Landekai an. Auf der gegenüberliegenden Seite lag der aus dem deutschen Kreuzer *Oldenburg* aus dem Ersten Weltkrieg umgebaute Flüchtlingstransporter für uns bereit. Dort gab es große Abteile mit Stockbetten. Gleich nach der Ankunft gab es die erste warme Mahlzeit seit drei Tagen, Linsensuppe mit Speck. Ich aß sie mit Heißhunger. Aber der von Speise über drei Tage gänzlich entwöhnte Magen schätzte diesen Überfall mit der schweren Linsensuppe mit Speck nicht sehr. Es wurde mir ziemlich übel. Aber dennoch behielt der Magen die Speise, wenn ich mich recht erinnere.

Während wir auf dem vorigen Schiff erbärmlich gefroren hatten, herrschte auf diesem Schiff eine unangenehme Hitze. Zudem roch es stark nach Kohlenrauch. Aber die Fahrt nach Swinemünde ging nun recht schnell. Ich hielt mich meist an Deck auf und unterhielt mich mit einem sehr freundlichen Offizier. Wir fuhren an Gotland vorbei und ich staunte über alles, was man sehen konnte. Irgendwann kam die Nachricht durch, dass bei der Landung niemand an Deck sein dürfe. Erst wenn ein Signal gegeben werde, dürfe man an Deck gehen. Als elfjähriger Bub verstand ich diese Anweisung nicht und schlich mich an Deck. Als wir anlegten, sah ich am Kai mehrere Feuerwehrfahrzeuge stehen. Sofort, nachdem wir angelegt hatten, kamen Feuerwehrmänner an Bord und gingen zu einer Luke nahe am Heck des Schiffes. Als die Luke aufgemacht wurde, schoss schwarzer Rauch heraus. Es stellte sich heraus, dass der Kohlenbunker des Schiffes brannte. Wegen der Explosionsgefahr beim Öffnen der Luke war die Weisung gegeben worden, dass niemand vor dem Signal an Deck gehen dürfe. Als dann das Signal gegeben wurde und alle begannen, an Deck zu gehen, spielte am Kai eine Musikkapelle für die nun das Schiff verlassenden Ankömmlinge auf.

VII. Der Aufenthalt in Stettin und die Reise nach Salzburg

Unsere erste Zwischenstation war Stettin. Dort sollte sich dann klären, wohin wir schließlich kommen würden. Mein Vater wünschte sich, nach Prag gehen zu dürfen, in die Urheimat der Familie. Das erwies sich jedoch als unmöglich, weil das damalige »Reichsprotektorat Böhmen und Mähren« für jede Einwanderung gesperrt war. Aber zunächst wurden wir in einen Zug gesetzt, dessen Wagen Einzelabteile hatten, die nur von außen einzeln zugänglich waren. Es begann eine sehr lange Fahrt um das ganze Stettiner Haff, bis wir dann schließlich im völlig verdunkelten Stettin ankamen. Wir wurden in einen sehr großen Turnsaal geführt, in dem für sehr viele Menschen Matratzen lagen. Dort brachten wir wohl mehr als eine Woche zu. In dieser Zeit gab es für uns sogar eine Weihnachtsfeier, bei der ich als Geschenk einen kleinen Weltatlas erhielt. Dann wurden die Kinder auf aufnahmewillige passende Familien verteilt. Ich kam zu einer Familie Sax oder Sachs, die einen mit mir gleichaltrigen Buben hatte. Mit dieser Familie durfte ich die ersten Weihnachten in Deutschland feiern. Bei einem festlichen Essen gab es auch eine außerordentlich köstlich aussehende Torte. Nach der eher spartanischen Verpflegung in den vorausgegangenen Wochen freute ich mich auf diese Torte besonders. In Unkenntnis der deutschen Gebräuche passierte mir dann jedoch ein verhängnisvoller Fehler. Als ich an der Reihe war und mir ein Stück Torte angeboten wurde, dankte ich, und das Stück ging weiter, ohne auf meinen Teller zu kommen. Ich wagte das Missverständnis nicht aufzuklären und blieb ohne Torte.

Der Januar 1940 war sehr kalt. Die Familie ging mit uns Buben auf dem völlig zugefrorenen Stettiner Haff Schlittschuhlaufen. Auch mir wurde ein Paar Schlittschuhe geliehen und ich war erstaunt, dass ich eigentlich keine Probleme hatte, mit den anderen beim Eislaufen mitzumachen. Lebhaft kann ich mich an einen Sonnenuntergang erinnern, bei dem die Sonne als tiefrote, übergroß erscheinende Kugel plötzlich oval erschien. Die Luftspiegelung in der sehr kalten Luft muss das Bild von der Sonne stark verformt haben. Für diese kalte Zeit hatte die Familie eine besondere Vorkehrung für die kalten Füße im Bett bereit. Es waren Stoffsäcke, die mit Rosskastanien gefüllt waren. Diese Säcke wurden in ein Fach des gemauerten Ofens gelegt und dort wunderbar aufgewärmt. Wenn man einen solchen Sack mit ins Bett nahm, hatte man gleich warme Füße. Leider haben jedoch diese Säcke uns Buben von elf Jahren auch zu Unfug verleitet. Eines Abends begann eine »Sackschlacht«. Wir bewarfen uns gegenseitig mit den Säcken. Es kam, wie es kommen musste: Plötzlich zerriss ein Sack und alle Kastanien flogen im Zimmer herum. Der dadurch verursachte Lärm wurde von der Mutter des Buben gehört, mit dem ich das Zimmer teilte. Sie kam ins Zimmer und war natürlich wenig erfreut über das Vorgefallene. Ich kann mich nur erinnern, dass ich mich vor ihr sehr geschämt habe. Wenn ich mich recht erinnere, gab es danach diese Art Fußwärmer für das Bett nicht mehr.

Inzwischen gingen die Überlegungen in Bezug auf unser Ziel weiter. Ich erinnere mich, dass uns ein Landgut bei Posen im von Deutschland besetzten Polen angeboten wurde. Mein Vater hoffte dagegen, vielleicht am Mozarteum in Salzburg eine Stelle bekommen zu können. Der katholische Pfarrer in Stettin kannte den damaligen Regens des Salzburger Priesterseminars, Dr. Karl Berg, der später Erzbischof von Salzburg wurde. Mit Empfehlung des Pfarrers von Stettin schrieb mein Vater an Dr. Berg. Dieser antwortete umgehend mit dem dringenden Rat, nicht nach Salzburg zu kommen. Salzburg sei total überfüllt mit Flüchtlingen und es wäre aussichtslos, dort eine Wohnung für die Familie zu finden.

Trotz dieser Bedenken hat sich mein Vater wegen des Mozarteums für Salzburg entschieden. So saßen wir Ende Januar eines Tages im Zug mit dem Ziel Salzburg. Von Stettin ging es zuerst nach Berlin. Dort mussten wir mit der U-Bahn vom Stettiner Bahnhof zum Anhalter Bahnhof fahren. Die Fahrt führte buchstäblich »Unter den Linden« vorbei. Vom Anhalter Bahnhof ging es dann nach München, wo wir vor der Weiterfahrt nach Salzburg Zeit hatten, die Frauenkirche zu besuchen. Am 27. Januar 1940, an Mozarts Geburtstag, kamen wir ziemlich spät abends in dem damals tief verschneiten Salzburg an.

ZWEITER TEIL:
DAS LEBEN IN SALZBURG

I. Die Ankunft in Salzburg

Ich war elf Jahre alt, als wir am 27. Januar 1940 spät abends mit dem Zug aus München in Salzburg ankamen. Eine Fürsorgerin der »Nationalsozialistischen Volkswohlfahrt« (NSV) erwartete uns am Bahnhof. Wir wurden zunächst im nahe am Bahnhof gelegenen *Hotel Bayrischer Hof* untergebracht. Am nächsten Morgen wachten wir in einem tief verschneiten Salzburg auf. Zunächst hat uns ein dichter Nebel nichts von der Umgebung sehen lassen. Als plötzlich nicht weit von unserem Hotel aus dem Nebel ein Berg auftauchte, dachte ich, dass ich einen solch hohen Berg noch nie so nahe gesehen hatte. Ich war sehr beeindruckt. Der Berg vor mir war der Kapuzinerberg! Plötzlich tauchte jedoch etwas weiter weg ein noch größerer Berg aus dem Nebel auf. Es war der Kühberg! Ich war noch mehr beeindruckt. Dann sah man aber plötzlich, dass hinter dem Kühberg ein noch größerer Berg sein musste, dessen Gipfel aber von dem inzwischen hochgestiegenen Nebel verdeckt war. Damit reichte dieser Berg schon in die Wolken! Es war der Gaisberg, der sich aber an diesem Tag nicht in seiner ganzen Größe zeigte.

Am ersten Morgen unternahmen wir einen Erkundungsgang Richtung Stadtzentrum. Am Mirabellplatz beeindruckte uns die große *St. Andrä*-Kirche, die wir gleich besuchten. Wir gingen dann durch die Dreifaltigkeitsgasse und gelangten zur Staatsbrücke. Dort standen wir mit Blick auf die Altstadt mit der mächtigen Festung darüber. Ich selbst hatte bis dahin nur Kirchen mit spitzen Türmen gesehen. Daher wirkte die *St. Andrä*-Kirche, die vor der Zerstörung im Krieg spitze Türme hatte, auf mich sehr vertraut. Der erste Anblick der Domtürme dagegen erschien mir damals eher fremdartig.

Es dauerte einige Wochen, bis wir den ersten wirklich schönen Tag in Salzburg erlebten und ich erstmals den Untersberg in voller Pracht sah. Nach meinem Studium der Umgebung von Salzburg auf der Landkarte hatte ich den Watzmann als den höchsten Berg in der näheren Umgebung von Salzburg gefunden. Der Anblick des Untersberges ließ mich sofort denken, dass dies der Watzmann sei. Aber mir wurde bald klar, dass dies doch nicht stimmte. Den wirklichen Watzmann habe ich dann auch bald gesehen, als mich Bekannte an einem strahlenden Tag einluden, mit ihnen auf die Gersbergalm zum Skifahren zu gehen. Ich hatte irgendwie ein Paar Skier bekommen und konnte mir dann den in Finnland unerfüllbaren Wunsch erfüllen, dazu eine Bindung zu besorgen, von der ich damals meinte, dass sie die richtige sei. Es war jedoch, wie sich bald herausstellte, eine Langlaufbindung, die für den Abfahrtslauf nicht geeignet war. Ich hatte in Finnland von einer solchen Bindung eben nur träumen können und kannte keine anderen. Ich selbst hatte an meinen Skiern in Finnland nur Riemenschlingen, die man in die Filzstiefel hineinsteckte, die wir im Winter gewöhnlich trugen.

Die Aussicht von der Gersbergalm war an dem herrlichen Tag überwältigend. Die nachfolgende Abfahrt war für mich jedoch damals ein Albtraum. Ich hatte von dem

Abfahrtsskilauf damals keine Ahnung und musste mich nach der ersten großen Wiese durch Hohlwege hinunterquälen.

Salzburg war damals von den Kriegshandlungen noch nicht direkt betroffen. Allerdings gab es viele spürbare Auswirkungen des Krieges. So war etwa die durch den Krieg bedingte Rationierung der Lebensmittel und vieler anderer Dinge wie Kleider, Schuhe und ich weiß nicht mehr, was noch alles, eine einschneidende Einschränkung. Lebensmittel waren nur mit Abschnitten der Lebensmittelkarten zu bekommen, die jeweils für einen Monat die Zuweisungen der verschiedenen Lebensmittel, vor allem Brot, Butter, Fleisch und Zucker, enthielten. Für Schuhe, Kleider und wichtige Dinge wie Fahrräder musste man in einem Amt, dessen Namen ich nicht mehr sicher weiß (Wirtschaftsamt?), einen Bezugsschein beantragen. Dazu musste man die wirkliche Notwendigkeit der Anschaffung darlegen. In dem Amt musste man lange Wartezeiten auf sich nehmen. Auch mit einem ärztlichen Attest, das bestätigte, dass für mich wegen einer Fußverletzung ein Fahrrad für den Schulweg nötig sei, habe ich dafür keinen Bezugsschein erhalten.

Vor allem aber war Salzburg wirklich überfüllt mit Flüchtlingen aus den Gebieten, in denen bereits der Bombenkrieg oder direkte militärische Konfrontationen begonnen hatten. Auch viele Südtiroler, die Südtirol wegen des Hitler-Mussolini-Abkommens verlassen mussten, waren nach Salzburg gekommen sowie auch Volksdeutsche aus Jugoslawien, Donauschwaben und viele andere.

Diese Gesamtsituation hat uns sofort fühlen lassen, dass wir in einem Land lebten, das Krieg führte. Wir selbst waren zwar als Flüchtlinge vor einem anderen Krieg, dem finnisch-russischen Winterkrieg 1939/40, nach Salzburg gekommen, aber aus einem Land, in dem es die geschilderten Beschränkungen jedenfalls bis zu unserer Abreise nicht gab. Die Überfüllung Salzburgs mit Flüchtlingen hat uns auch dadurch direkt betroffen, dass wir zunächst viele Monate in dem damals als Flüchtlingsheim eingerichteten alten *Hotel Wolf Dietrich* leben mussten. Wir waren dort in kleinen Zimmern untergebracht. Was etwa die Rationierung von Fleisch bedeutete, führte uns die Leiterin des Flüchtlingsheimes drastisch vor Augen. Weil offenbar Klage geführt worden war wegen des Essens, das wir dort erhielten, hat die Leiterin uns im Speisesaal das Stück Fleisch gezeigt, das die Monatsration von Fleisch auf der Lebensmittelkarte ausmachte. Es war ein Stück, das wohl kaum ein Kilo schwer gewesen sein kann. Ich kann mich nicht mehr sicher erinnern, wie viel Gramm Fleisch für einen Monat pro Person vorgesehen waren, ich habe die Zahl 800 Gramm im Kopf, aber das müsste ich erst irgendwie verifizieren.

Das mehrere Monate dauernde Leben in diesem Flüchtlingsheim war naturgemäß nicht einfach. Dieses *Hotel Wolf Dietrich* ist im Krieg durch eine Bombe zerstört worden. Nach dem Krieg wurde an dessen Stelle ein Studentenheim gebaut.

II. Beginn des Schulbesuches und das Problem der HJ

Vom Flüchtlingsheim aus begann ich wohl im Februar 1940, die erste Klasse der Hauptschule *St. Andrä* zu besuchen. Der Einstieg in diese Schule war für mich sehr schwierig, weil ich durch die Flucht von diesem Schuljahr bis dahin nichts mitbekommen hatte. Für Englisch bedeutete dies, dass mir alle seit Beginn des Schuljahres vermittelten Grundbegriffe und Lautzeichen nicht bekannt waren.

Mit Beginn des Schulbesuches wurde ich erstmals mit der Tatsache konfrontiert, dass die deutsche Jugend in der Hitlerjugend (HJ) organisiert war, und zwar ausnahmslos. Es war eine automatische Mitgliedschaft, der man sich nicht entziehen konnte. Ich erhielt auch sofort die HJ-Uniform. Ich weiß nicht, ob wir sie selbst bezahlen mussten oder ob sie zur Verfügung gestellt wurde. Jedenfalls hatte diese Uniform in der damaligen »Ostmark« (Österreich) eine Besonderheit, die mich bereits im folgenden Sommer etwas in Schwierigkeiten brachte. Auf der »ostmärkischen« HJ-Uniform gab es ein Edelweiß, wenn ich mich recht erinnere, auf dem Hemdkragen. Davon noch später. Wir waren damals natürlich noch nicht darüber im Bilde, was der Nationalsozialismus wirklich bedeutete. Dies wurde uns erst allmählich mitgeteilt, als Personen, die wir bald kennenlernten und die uns dann vertrauenswürdig fanden, uns zunehmend darüber informierten.

Mit dem Schuljahr 1940/41 wechselte ich in die zweite Klasse des Realgymnasiums. In dieser Klasse lernte ich Herbert Rieser kennen, der als Freund für mein weiteres Leben große Bedeutung haben sollte. Darüber wird noch gesondert zu berichten sein. In der Schule traf mich vor Weihnachten 1940 die Nachricht, dass ich zur Teilnahme an einem Kurs auf der *Festung Hohenwerfen* mit mehreren anderen Klassenkameraden ausgesucht worden sei. Aus den Teilnehmern sollten dann diejenigen ermittelt werden, die für den Besuch einer NS-Schulungsburg ge-

eignet erschienen. Mir wurde gesagt, dass es nicht möglich sei, da nicht hinzugehen. Der Kurs dauerte mindestens eine Woche, wenn nicht sogar zwei. Leiter war ein
HJ-Führer namens Leitner, der viel später VdU- oder
FPÖ-Landesrat in Salzburg wurde. Das Programm sollte
wohl Härte und Mut der Teilnehmer erproben, aber auch
Vertrautheit mit NS-Angelegenheiten prüfen und vermitteln.

Der Tag begann nach dem Wecken damit, dass wir nur
mit der Turnhose bekleidet und barfüßig im Hof der Festung auf dem hart gefrorenen Schnee antreten mussten.
Es war wahrscheinlich Februar. Der Schnee war offenbar
vorher nass gewesen und hatte mit dem Frieren scharfe
Kanten bekommen. Barfüßig darauf zu stehen, war äußerst unangenehm und schmerzhaft. Einige Tage später
fiel Neuschnee. Da war es bedeutend angenehmer, barfüßig im Schnee zu stehen. Von dort ging es dann zu einem
»Morgensport« mit verschiedenen Übungen in einen eis-
kalten Saal. Zu den Übungen gehörte auch das Springen
von einer Empore auf den bloßen Holzboden des Saales.
Das kostete schon einige Überwindung. Danach wohl
durften wir uns waschen, anziehen und zum Frühstück
gehen.

Das weitere Programm bestand dann in Vorträgen, die
der Indoktrination dienten. Weiter gab es Filmvorführun-
gen, die den NS-Staat verherrlichen sollten. Es gab auch
schriftliche Arbeiten mit Fragen und Themen, die offenbar die Einstellung der Teilnehmer und deren Vertrautheit mit NS-Angelegenheiten erkennen lassen sollten. In
dieser Hinsicht war wohl aus meinen Antworten nichts
Positives für den Zweck des Kurses zu entnehmen. Einmal sind wir auf die Ostpreußenhütte am Hochkönig auf-

gestiegen, wo wir dann auch übernachteten. Wie ich am nächsten Tag mit geliehenen und ungeeigneten Skiern die Abfahrt schaffte, weiß ich nicht mehr, aber es muss schlimm gewesen sein. Neidvoll sah ich denen zu, die bereits damals schwungvoll hinunterkurvten. Irgendwie kam ich aber dann doch auch hinunter. Alles in allem wurde mir am Ende des Kurses freundlich mitgeteilt, dass nicht geplant sei, mich in eine NS-Schulungsburg aufzunehmen, sondern es sollte mir als Flüchtling aus Finnland und als Volksdeutschem sozusagen die neue Welt des Dritten Reiches nahegebracht werden. Gott sei Dank blieben dadurch vor allem meinem Vater wohl sehr schwierige Komplikationen erspart, die unvermeidlich geworden wären, wenn sich meine Eltern geweigert hätten, mich in eine NS-Schulungsburg gehen zu lassen.

Die Schule war für mich damals aus verschiedenen Gründen sehr schwierig. Dazu kam, dass ich seit unserer Abreise aus Finnland unter sehr starkem Heimweh nach Finnland litt, was angesichts der Schwierigkeiten in Finnland merkwürdig war. Ich war damals sehr schwermütig und nicht sehr gut im Lernen, was sogar einer der damaligen Professoren als verständlichen Grund für meine Schwierigkeiten bezeichnete. Dieses Verständnis für meine Lage hat mir damals sehr wohlgetan. Ich schaffte gerade noch den Aufstieg in die dritte Klasse, aber wohl mehr gnadenhalber als wegen meiner Leistung. Aber in der dritten Klasse, in der Latein dazukam und die Mathematik schwieriger wurde, haben sich die generellen Rückstände und Schwierigkeiten so ausgewirkt, dass ich die dritte Klasse wiederholen musste. Von da an hatte ich dann keine eigentlichen Schwierigkeiten mehr. Die Matura habe ich 1948 auf Anhieb bestanden, wenn auch nur

mit einem »gestuften« Ergebnis, das alle Stufen der No-
tenskala enthielt von »sehr gut« bis »genügend«.

III. Kirchliche Kontakte und der
Ministrantendienst

Unsere ersten kirchlichen Kontakte knüpften wir in der
Pfarre *St. Andrä,* zu der wir durch unser Flüchtlingsheim
im ehemaligen *Hotel Wolf Dietrich* gehörten. Dort machten wir vor allem bald die nähere Bekanntschaft des damals dort wirkenden Kooperators Margreiter, der uns, soweit dies damals überhaupt möglich war, gründlich über
die Kirchenfeindlichkeit und die sonstigen Probleme der
NS-Herrschaft informierte. Er erzählte uns, dass sein
Mitkooperator Stöckl sein Zimmer im Pfarrhof mit Git-
terstäben habe ausmalen lassen, um sich schon an die
Umgebung im Gefängnis zu gewöhnen. Jeder rechnete je-
derzeit mit der Verhaftung. Kooperator Margreiter hat
dann auch meine Mutter auf die Konversion zur Katholischen Kirche vorbereitet und sie in die Kirche aufgenommen. Durch die Pfarre *St. Andrä* haben wir auch bald
die Familie Domanig kennengelernt und viele treu katholische Jugendliche.

Katholische Jugendgruppen waren in der NS-Zeit un-
tersagt. Kooperator Margreiter wagte es jedoch, mit Herbert Rieser und mir den Anfang einer katholischen Pfad-
findergruppe zu machen. Beim ersten Gespräch darüber
wurde uns ein traditionsreicher Pfadfinder-Wimpel über-
reicht. Wir wurden in die Grundbegriffe der Pfadfinderei
eingeführt und übten Knotenmachen. Die Sache blieb
aber dann irgendwie stecken. Vielleicht war Kooperator

Margreiter vor der Gefahr des Unternehmens, sobald mehrere Jugendliche in die Sache eingeweiht würden, gewarnt worden. Denn es hätte genügt, wenn einer irgendwo etwas von der Existenz der Gruppe gesagt und ein anderer es dann einem NS-Anhänger weitergemeldet hätte, um uns zu verhaften und die Sache zu beenden.

Für mein weiteres Leben war die Begegnung mit meinem Freund Herbert Rieser, wie bereits früher erwähnt, von prägender Bedeutung. Er war Ministrant in der Pfarre *St. Elisabeth*, zu der wir nach unserer Übersiedlung in die Elisabethstraße auch gehörten. Zunächst hatten wir nur Kontakt zur Pfarre *St. Andrä* aufgenommen und hatten uns besonders mit dem dortigen Kooperator Margreiter angefreundet. Herbert ging mit mir jedoch gleich in die Pfarre *St. Elisabeth*, die damals von ausgezeichneten Jesuiten betreut wurde. Ich wurde dort auch gleich Ministrant und Lektor. Damals existierte nur eine Unterkirche. Der Bau der eigentlichen Kirche hätte gerade beginnen sollen, als die Nazis in Österreich die Herrschaft übernahmen. Nach der Okkupation Österreichs durch die Nazis konnte der Bau jedoch nicht fortgesetzt werden. So blieb nur die Unterkirche verfügbar und dazu eine Marienkapelle, die bereits als Teil der eigentlichen Kirche errichtet worden war. Der Pfarrhof neben der Kirche war von der SS besetzt worden. Dem Pfarrer stand die Sakristei der Marienkapelle als Behausung zur Verfügung, dem Kooperator der Heizraum bei der Unterkirche. Der frühere Pfarrer, P. Anton Pinsker, wie ich damals schon hörte, ein begnadeter Jugendseelsorger, war im Gefängnis. Ich konnte ihn erst nach dem Krieg kennenlernen, als er wieder als Pfarrer eingesetzt wurde. Wir hatten sehr gute Glaubensstunden, die in der verdunkelten Sakristei der Unterkirche stattfanden, sozusagen im Schatten der SS im Pfarrhof, denn die Fenster der Sakristei richteten sich zu dem von der SS besetzten Pfarrhof.

Herbert berichtete mir nach dem Christkönigsfest 1940, dass der damalige Erzbischof Waitz eine wunderbar mutige Predigt gegen die Übergriffe des NS-Regimes gehalten habe, dass er jedoch, wenn ich mich richtig erinnere, in der Nacht darauf oder jedenfalls bald danach gestorben sei. Man hatte allgemein nach dieser Predigt mit seiner Verhaftung gerechnet. Beim Christkönigsfest 1941, bei dem ich im mit Jugendlichen voll gefüllten Dom dabei war, hielt jedoch der damalige Weihbischof Johannes Filzer eine überraschend klare Predigt, die uns Jugendliche wegen seines Mutes begeisterte. Es dauerte jedoch bis zum Christkönigsfest 1943, bis der neue Erzbischof Andreas Rohracher mitreißend zu uns sprechen konnte. Das Erzbischöfliche Palais war von den Nazis beschlagnahmt worden. Die Wohnungsfrage ließ sich für den neuen Erzbischof zunächst nicht lösen, bis schließlich das Erzstift *St. Peter* dem Erzbischof die Wohnung des Abtes zur Verfügung stellte.

Ein herausragendes Ereignis im Dienst der Ministranten war die Inthronisation des neuen Erzbischofs Andreas Rohracher am 10. Oktober 1943. An der Feier im überfüllten Dom waren nach meiner Erinnerung etwa 130 Ministranten oder noch mehr beteiligt. Während der Feier im Dom marschierte die Hitlerjugend um den Dom, deren Brüllen der Lieder man in dem Dom hören konnte. Beim Verlassen des Domes wurden wir Ministranten von HJ-Führern kontrolliert. Wir mussten unseren HJ-Ausweis vorweisen, den man immer bei sich haben musste. Ich kann mich nicht mehr genau erinnern, was geschah, wenn man ihn, wie wohl ich, nicht bei sich hatte. Jedenfalls wurde wohl dann der Name aufgeschrieben. Auf dem Heimweg wurden dann einzeln gehende Ministranten von HJ-Schlägertrupps verprügelt. Ich glaube, es hing jedenfalls mit diesem Ereignis zusammen, dass auch mein Freund Herbert Rieser so verprügelt worden ist, dass ihm das Nasenbein gebrochen wurde. Ich gab dann leider dem mir bekannten Täter in der Schule eine kräftige Ohrfeige. In dieser Zeit mussten wir bereits von der Schule bei Fliegerwarnung in den Luftschutzstollen im Mönchsberg gehen. Dort haben mich dann eines Tages wenigstens drei HJ-Leute angefallen. Zwei hielten mich fest und wohl der, dem ich die Ohrfeige gegeben hatte, schlug auf mich ein, vielleicht war auch noch ein Weiterer an der Aktion beteiligt.

Der Ministrantendienst bedeutete mir außerordentlich viel, wofür ich Gott nicht genug danken kann. In aller Regel durfte ich als Lektor die Texte auf Deutsch vorlesen, die der Priester bei der hl. Messe in Latein las. Die Frühmesse in *St. Elisabeth* begann um sechs Uhr. Im Winter bin ich oft durch die Elisabethstraße im unberührten Schnee zur Kirche *St. Elisabeth* gegangen. Besonders feierlich wurde die Karwochenliturgie mit den Trauermetten und mit der Liturgie des Karfreitags und des Karsamstags begangen. Es wurde auch der gregorianische Choral gepflegt, Pfarrer Postruschnig sang das *Exsultet* persönlich in lateinischer Sprache. Was den Dienst als Lektor betraf, muss ich noch eine Tatsache erwähnen. Als ich erstmals die Lesung am Sonntag *Quinquagesima* (in der neuen Liturgie nicht mehr enthaltener dritter Vorfastensonntag) vorlesen durfte, die das *Hohe Lied der Liebe* des hl. Apostels Paulus (1 Kor 13,1–13) enthält, war ich tief betroffen. Im Hinblick auf die Schwierigkeiten in meiner Familie habe ich mich von da an das ganze Jahr darauf gefreut, diese Lesung wieder vorlesen zu dürfen.

Einmal durfte ich mit Herbert Rieser einen »Ministrantenausflug« nach Innsbruck machen. Die Patres in Salzburg empfahlen uns an die Jesuiten in Innsbruck. Das Jesuitenkolleg war wohl von den Nazis beschlagnahmt worden. Wir trafen bei der Sakristei der Kirche nur einen Bruder an, der offenbar auch in der Sakristei wohnte. Er gab uns viele Tipps, wie wir vom Hafelekar aus wandern könnten. Vor allem aber empfahl er uns einen Gasthof an der Brennerstraße, in dem wir unter Berufung auf seine Empfehlung um Quartier bitten könnten, wenn ich mich recht erinnere, war es der *Ferrarihof*. Wir gingen dort hinauf und wurden von der Wirtin freundlich aufgenommen. Unser »Quartier« bestand allerdings aus einem Heuhaufen auf der offenen Veranda des Gasthofes. Wir vergruben unser Gepäck im Heu. Waschen konnten wir uns an einem Brunnen im Freien. Ich glaube, dass wir die Toilette des Gasthofes benutzen durften. Trotz größter Sparsamkeit war jedoch unser Geldvorrat am Ende nicht mehr ausreichend, die Bahnfahrt bis Salzburg zu bezahlen. Ein Bruder Herberts war zu der Zeit beim Militär in Hochfilzen. Unser Geld reichte gerade für die Fahrt von Innsbruck nach Hochfilzen. Dort konnten wir Herberts Bruder treffen und von ihm das Geld für die Weiterfahrt nach Salzburg borgen.

IV. Unsere Wohnung in der Elisabethstraße 15

Anfang Juli 1940 hatten wir wahrscheinlich durch den Kontakt mit der Pfarre *St. Andrä* eine Frau Pezzei kennengelernt, deren Vater die neugotischen Altäre der Kirche *St. Andrä* geschaffen hatte. In ihrem Haus in der Elisabethstraße 15 erhielten wir eine kleine Wohnung, bestehend aus einem relativ großen Zimmer und einer kleineren Küche. Fließwasser und Toilette befanden sich auf dem Gang für zwei Wohnungen gemeinsam. Für fünf Personen war das natürlich nicht viel, aber immerhin eine Wohnung, zu der auch ein kleines Kellerabteil gehörte und ein Dachbodenabteil. Unser Leben in dieser Wohnung wurde jedoch durch den Umstand auf Dauer nachhaltig belastet, dass die NSV (»Nationalsozialistische Volkswohlfahrt«) uns für diese Wohnung Betten zur Verfügung gestellt hatte, deren Matratzen völlig verwanzt waren. Dies bedeutete einen jahrelangen ebenso erbitterten wie vergeblichen Kampf gegen die Wanzen. Ich habe mehrfach die Matratzen aus dem Bettgestell genommen und alle möglichen Löcher und Verstecke der Wanzen durchgesucht und die gefundenen Wanzen zunächst einzeln zerquetscht. Später kam mir ein wirksameres Mittel zu Hilfe. Weil meine Schwestern es nicht lassen konnten, aus meinem Schreibtisch Sachen herauszuholen, habe ich kurzerhand meinen Schreibtisch über einen Widerstand unter Strom gesetzt. Als Widerstand habe ich eine Heizspirale verwendet. Von da an wagten meine Schwestern nicht mehr, an meinen Schreibtisch zu gehen, weil sie nicht wussten, wie man ihn ohne einen Stromstoß öffnen konnte. Der Widerstand hatte mich aber entdecken lassen, dass man mit dessen Hilfe ein Bogenlicht herstellen konnte. Wenn man die beiden Pole mit Kohlen oder auch mit Bleistiftminen bestückte und sie zusammenführte, gab es zwar Funken wegen des zwischengeschalteten Widerstandes, aber keinen Kurzschluss. Wenn man dann die Pole leicht auseinanderzog, bildete sich zwischen den Polen ein sehr heißer Lichtbogen. Nun kam mir aus Wut über die Wanzen die Idee, die bei meinem Suchen gesammelten Wanzen in einem Behälter zu sammeln und sie dann mit dem Lichtbogen zu vernichten. Bei dieser Art der Vernichtung der Wanzen durch Verbrennung im Lichtbogen entstand jedoch ein sehr übler Gestank. Gleichwohl überwog damals meine Befriedigung darüber, die Wanzen gründlich vernichtet zu haben. Bei aller Mühe gelang es jedoch nie, alle Wanzen zu finden und sie unschädlich zu machen. Das wäre nur durch das Verbrennen der Matratzen möglich gewesen.

Als nach dem Krieg in unsere Wohnung fünf amerikanische Soldaten einquartiert wurden, haben sie nicht die Betten benutzt. Sie schliefen auf eigenen Matratzen auf dem Boden. Um sich vor den Wanzen zu schützen, haben sie um die Matratzen herum Kreise mit DDT[2] gestreut, über welche die Wanzen nicht lebend zu den Matratzen gelangen konnten.

Als wir in unsere Wohnung eingezogen waren, kam nach einiger Zeit eine Frau zu uns, die sich als unser »Blockwart« vorstellte. Wir erfuhren dadurch, dass die ganze Stadt in »Blocks« eingeteilt war, für die von der Nazi-Partei jeweils ein »Blockwart« eingesetzt war. Dieser »Blockwart« musste alle Bewohner des Blocks mehrmals

---

[2] Dichlordiphenyltrichlorethan ist ein Insektizid, das seit Anfang der 1940er-Jahre als Kontakt- und Fraßgift gegen Insekten eingesetzt wurde.

im Jahr, ich weiß nicht mehr wie oft, aber wohl mindestens vierteljährlich, wenn nicht monatlich, besuchen und mit ihnen sprechen, um sie sozusagen »bei der Stange der Partei« zu halten, oder sonst festzustellen, wie sie eingestellt waren. Diese Besuche waren, obwohl die Frau an sich sehr freundlich war, doch immer sehr unangenehm. Man spürte das Netzwerk des totalitären Staates, der alles kontrollieren wollte, um mögliche Gefahren gleich ausschalten zu können. Daher musste man im Gespräch äußerst vorsichtig sein. Als dann der Krieg vorüber und das NS-Regime beendet war, kam diese Frau wieder, diesmal aber in Tränen und entschuldigte sich bei uns. Sie habe es so gut mit uns gemeint. Meine Mutter tröstete sie sehr liebevoll. Sie hatte uns auch offenbar nie etwas Böses angetan. Sie musste ja gemerkt haben, dass wir keine Nazis waren und hätte uns bei der Partei als unzuverlässige Leute anzeigen können. Das scheint aber nicht geschehen zu sein. Deswegen wohl wagte sie es auch, nach dem Krieg wieder zu uns zu kommen, nur um sich zu entschuldigen für ihre früheren Besuche.

V. Kinderlandverschickung nach Dresden

Ich weiß nicht mehr wie, aber irgendwie erfuhr ich, dass ich für den Sommer 1940 zur »Kinderlandverschickung« nach Dresden vorgesehen war. Mit mehreren Schulkindern aus Salzburg saß ich eines Tages im Zug nach Dresden. Dort wurde ich zu einem kinderlosen Ehepaar Langer gebracht, in dessen Wohnzimmer das Bild des »Führers« (Hitler) auf einem Tisch stand mit seinem Buch *Mein Kampf* davor, wie ein kleiner »Hausaltar«. Ich war also zu einem zuverlässigen nationalsozialistischen Ehepaar gebracht worden, das wohl die Aufgabe hatte, mich in diesem Sinne zu beeinflussen. Ich war in der HJ-Uniform gereist, wie alle anderen auch. Eines Tages geschah es, dass ich auf der Straße von einem HJ-Führer, der mit einer Gruppe daherkam, angehalten wurde. Er fragte mich, wieso ich auf meiner HJ-Uniform ein Edelweiß trage. Das sei nicht erlaubt. Ich erklärte ihm, dass ich aus Salzburg komme und dort allgemein ein Edelweiß auf der Uniform getragen werde. Er wollte mir das zuerst nicht glauben und war überhaupt sehr unangenehm. Aber schließlich ließ er mich gehen.

Von Dresden aus konnte ich mit einem geliehenen Fahrrad ins Elbsandsteingebirge fahren. Dort entdeckte ich bereits mein Interesse am Klettern. Ich hatte dort auch die Möglichkeit, einmal die Karl-May-Spiele anzusehen, die in einem Ort an der Elbe stattfanden, an dessen Namen ich mich nicht mehr erinnern kann. Es wurde *Winnetou* gespielt. Über die Darbietung war ich eher enttäuscht, weil ich aus der Lektüre des Buches ganz andere Vorstellungen von der Sache hatte.

Irgendwann begann bei mir ein heftiger Husten, zu dem bald hohes Fieber dazukam. Meine Gastgeber bemühten sich rührend um mich und brachten mir das Essen an das Bett. Ich erinnere mich noch mit Scham und Schrecken daran, dass ich schon nach dem ersten Bissen das in den Magen gelangte Essen wieder erbrach, und das in den Teller vor mir, sodass damit die ganze mir bereitete Speise verdorben war. Mein Zustand veranlasste meine Gastgeber dann doch, mich ins Krankenhaus bringen zu lassen. Dort sank ich in einen tiefen Schlaf, von dem ich nicht weiß, wie lange er dauerte. Es muss aber wohl mehr als ein Tag und eine Nacht gewesen sein. Als ich aufwachte, zeigten sich die Krankenschwestern über diese Tatsache so glücklich, dass ich ganz erstaunt war. Ich habe erst dann erfahren, dass ich im »Krisenschlaf« gelegen war, bei dem es nicht sicher ist, ob man wieder aufwacht.

Insgesamt habe ich an diesen Krankenhausaufenthalt eine sehr schöne Erinnerung. Als es mir besser ging, durfte ich auf einer schönen Terrasse liegen oder sitzen, mit Blick in einen schönen Park. Ein Mitpatient im gleichen Alter verwickelte mich in eine Diskussion, in deren Verlauf er behauptete, dass Katholiken feige Menschen seien. Damals war NS-Deutschland mit dem faschistischen Italien verbündet. Ich fragte ihn, ob er meine, dass die Italiener, damals fast ausnahmslos katholisch, feige seien, oder ob die Franco-Truppen, die gegen die Kommunisten kämpften, ebenfalls katholisch, feige seien. Er musste zugeben, dass seine pauschale Behauptung falsch war. Ich war damals erst elf Jahre alt.

Wohl nach meiner Entlassung aus dem Krankenhaus feierte man in Dresden das große Ereignis, dass die im Frankreich-Feldzug siegreichen Truppenteile nach Dresden zurückkehrten und im Triumph empfangen wurden. Meine Gastgeber hatten mich an einen erhöhten Ort geführt, von dem aus man den Einmarsch dieser Truppen gut beobachten und, ich glaube, sogar Hitler persönlich im offenen Mercedes stehend im Triumphzug mitfahrend sehen konnte. Ich muss zugeben, dass die Siegesparade mich als Bub damals sehr beeindruckte. Ich glaube, dass meine Gastgeber auf das Sehen des »Führers« frenetisch begeistert reagierten. Ich selbst habe keine Erinnerung daran, dass Hitler mir einen besonderen Eindruck gemacht hätte. Die Entfernung, aus der er zu sehen war, dürfte für einen besonderen Eindruck wohl auch zu groß gewesen sein. Ich war damals freilich auch noch sehr ahnungslos bezüglich des NS-Regimes.

Im Jahr 1941 erfolgte die »Kinderlandverschickung« wieder nach Dresden. Diesmal kam ich zu einem kinderlosen Offiziersehepaar. Der Mann war ein hoher Luftwaffenoffizier und ich merkte sofort, dass es sich bei diesem Ehepaar nicht um wirkliche Nazis handelte. Sie hatten eine schöne Wohnung in einer Straße mit lauter Villen in der Nähe des Wasaplatzes. Bei meinem ersten Besuch in Dresden anlässlich eines Kongresses im Jahr 2002 hatte ich Gelegenheit, dieses Haus wiederzusehen. Die ganze Gegend war offenbar von dem schweren Bombenangriff auf Dresden nicht betroffen gewesen. Eines Tages musste der Mann im Dienst irgendwohin fliegen. Er versprach seiner Frau, bei dieser Gelegenheit über das Haus zu fliegen, damit sie ihm zuwinken konnte. Er tat es dann auch und wir winkten gemeinsam dem Flugzeug zu. Es war für mich damals ein sehr schöner Aufenthalt in Dresden. Daher habe ich mich auch sehr gefreut, das Haus wiedersehen zu können.

VI. Schwere Operation meiner Mutter

Ich bin nicht sicher, ob es im Frühjahr 1942 oder 1943 war, als meine Mutter sich einer sehr schweren Operation unterziehen musste. Als ich sie erstmals nach der Operation im Krankenhaus sah, bin ich so erschrocken, dass ich den Anblick nicht ertragen konnte. Sie sah aus, als wäre sie ein aufgebahrter Leichnam. Sie erholte sich dann doch langsam, aber sie musste zunächst noch längere Zeit im Krankenhaus bleiben. Danach folgte noch für mehrere Wochen ein Aufenthalt in einem Müttererholungsheim in Krimml. Das Fehlen der Mutter hatte zur Folge, dass ich als das älteste Kind neben der Schule den Haushalt führen musste. Vor dem Beginn der Schule musste ich die normalen Einkäufe (Milch und Lebensmittel) erledigen. Milch war auch rationiert, aber für Kinder gab es etwas mehr Milch pro Tag als für Erwachsene. An die genauen Maße kann ich mich nicht mehr erinnern. Gelegentlich musste ich auch schon sehr früh (wohl ab etwa sechs Uhr) am Grünmarkt Schlange stehen, um noch etwas Gemüse zu bekommen. Wenn ich so früh dort ankam, war ich längst nicht mehr der Erste in der Schlange. Manchmal musste ich zittern, wenigstens noch Kartoffeln zu bekommen. Nach der Schule bereitete ich dann zu Hause das Mittagessen zu.

VII. Kur in Bad Schallerbach

Ich weiß nicht mehr, in welchem Jahr es war, wohl 1942 oder 1943, dass ein Leiden, das ich mir wohl bei der Überfahrt aus Finnland nach Reval geholt hatte, sehr starke Beschwerden verursachte. Bei dieser Überfahrt saßen wir, wie bereits erwähnt, in dem Laderaum eines Frachtschiffes, mit dem Rücken an die eiskalte Stahlwand gelehnt, und dies während der drei Nächte und drei Tage dauernden Überfahrt doch durch längere Zeiten hindurch. Ein Aufenthalt auf dem Deck war wegen des eisigen Sturmes immer nur für kurze Zeit auszuhalten. Ich hatte zudem nur einen dünnen Übergangsmantel an, der die Kälte der Wand nicht von meinem Rücken abhalten konnte. Jedenfalls waren Schmerzen im Rücken die Folge. Diese Schmerzen wurden in einem Frühjahr so akut, dass ich einen Arzt aufsuchen musste. Er riet mir zu einer Kur in Bad Schallerbach. Die Jesuitenpatres von *St. Elisabeth* haben für mich über ihren Mitbruder, P. Rupert (den Familiennamen weiß ich nicht mehr), der Seelsorger in Bad Schallerbach war, einen Aufenthalt auf einem Bauernhof vermittelt, von dem aus ich zu den Bädern gehen konnte. Es war eine sehr gläubige Bauernfamilie, aber der Bauer selbst und nach meiner Erinnerung auch zwei Söhne waren an der Front. Die Bäuerin musste, wenn ich mich recht erinnere, mit ihrem betagten Vater oder Schwiegervater und einigen Frauen oder Mädchen als Hilfen den Hof bestellen. Da war die Hilfe, die ich dann auch leisten konnte, sehr willkommen.

In dieser Unterkunft zog ich es damals vor, mit einem Schlafsack im Heu zu schlafen. Nach einigen Tagen kam auch Herbert Rieser nach und wir haben beide im Heu geschlafen. Wir konnten täglich zur hl. Messe gehen, die P. Rupert im Dorf feierte. Eines Nachts kam ein so heftiges Gewitter, dass die Hausleute um uns im Heustock Angst bekamen und uns ins Haus holten. Aber danach schliefen wir doch wieder im Heu. Die Kur dauerte wenigstens zwei Wochen, wenn nicht drei. Ich glaube, dass sie tatsächlich sehr geholfen hat.

Die Verpflegung auf dem Hof war sehr gut und kräftig. Ich erinnere mich, dass ich in einem Brief nach Hause berichtete, wie man bei Tisch Butterbrot aß. Man brach sich ein Stücklein Brot ab und gab mit dem Messer ein Stück Butter darauf. Und so weiter. Dadurch bekam man im Verhältnis zum Brot viel mehr Butter, als wenn man eine Scheibe Brot – wie bei uns zu Hause – sehr dünn mit Butter bestrich, denn die Butterration für den Monat betrug nach meiner Erinnerung 250 Gramm. Allerdings klagte die Bäuerin, als ich ankam, gerade darüber, dass als »Dank« dafür, dass vom Hof drei Männer, Bauer und zwei Söhne, an der Front waren, die NSDAP ihr Butterfass versiegeln ließ, sodass sie nicht selbst Butter erzeugen konnte. In kleinen Mengen wurde wohl trotzdem irgendwie am Hof Butter erzeugt. Auch Kirschen und frühe Äpfel wurden in der Zeit dieses Aufenthaltes reif, und wir durften viele essen.

VIII. Beeren sammeln im Kobernaußerwald und Hagebuttenwein

Während des Krieges fuhren entweder meine Schwestern oder Herbert Rieser und ich in den Kobernaußerwald (bei Mattighofen in Oberösterreich), um Heidelbeeren und Himbeeren zu sammeln. Es ging ein sehr früher Zug nach Braunau, ich glaube etwa um vier Uhr morgens, mit dem sehr viele mit Kübeln oder Körben ausgerüstete Menschen zum Beerensammeln fuhren. Ausgangspunkte für den Weg in den Wald waren vor allem Munderfing oder Uttendorf. Man ging dann ein gutes Stück in den Wald und suchte Plätze, wo noch Beeren zu finden waren. Den ganzen Tag über war es möglich, ohne Riffel (Beerenkamm) einen Kübel voll (10 Liter) Heidelbeeren oder auch Himbeeren zu sammeln. Mit einem relativ späten Zug fuhr man dann zurück, glücklich über das Geschenk der Beeren.

Im Krieg wurde man auch erfinderisch, sonst nicht erhältliche Dinge selbst zu produzieren. Von Bekannten hörten wir, dass es einfach sei, sehr guten Hagebuttenwein aus frischen Hagebutten herzustellen. Mein Vater füllte eine große Flasche gemäß dem Rezept mit Hagebutten und den sonstigen Zutaten und stellte sie mit einem Korken verschlossen in einen zur Wohnung gehörigen kühlen Wandkasten im Gang vor der Wohnung. Eines Tages wollte er nachsehen, wie es mit der Gärung dieses Weines stehe. Er nahm die Flasche aus dem Kasten und wollte den Korken herausziehen. Kaum hatte er ihn jedoch etwas gelockert, flog er mit einem gewaltigen Knall von selbst heraus. Mit ihm flog aber auch ein ganzer Schwall von Hagebutten mitsamt dem Wein an die Decke des Ganges, von der dann die Hagebutten auch wieder herunterfielen und der Wein heruntertropfte. Mein Vater stand, bespritzt mit Hagebutten und Wein, entgeistert mit der Flasche in der Hand im Gang. Durch den Knall aufgeschreckt, stürzten wir gleich hinaus und sahen die Bescherung. Es war ein tragikomischer Anblick. Zum Glück war nichts Schlimmeres passiert, als wenn etwa die Flasche explodiert wäre. Es blieb aber dann doch auch noch ein guter Teil des Weines, der übrigens wirklich sehr gut war, in der Flasche.

IX. Der HJ-»Dienst«

Sehr belastend war der sogenannte »Dienst« bei der HJ, dem man sich praktisch kaum entziehen konnte. In diesem »Dienst« wurde Sport getrieben und Verschiedenes mehr, auch Singen und verschiedene Beschäftigungen gehörten dazu. Wenn man beim wöchentlichen »Dienst« nicht erschien, konnte man von der Polizei geholt werden. Die Polizei erschien auch in unserer Wohnung, um mich abzuholen, aber ich war dann nie zu Hause. Für meine Mutter war es jedoch sehr unangenehm. Außerdem musste man zum »Dienst« in der HJ-Uniform erscheinen. Als ich einmal ohne »Braunhemd« im »Dienst« erschien, brüllte mich der HJ-Führer an, wieso ich ohne »Braunhemd« komme. Ich erklärte, es sei in der Wäsche. Daraufhin schickte er mich nach Hause, das »Braunhemd« anzuziehen, von dem ich behauptete, es sei in der Wäsche. Nun, es war vorsorglich wirklich zur Schmutzwäsche gegeben worden. Als ich zurückkam, roch der HJ-Führer am Hemd und es roch wirklich nach Schmutzwäsche. Daraufhin gab er zu, dass ich ihn nicht angelogen hatte.

Eines Tages wurde im »Dienst« mitgeteilt, dass eine Motorrad-HJ gegründet werde. Jeder könne sich dazu melden. Herbert und ich meldeten uns sofort zur Motorrad-HJ. Damit waren wir also von unserer Gruppe ordnungsgemäß abgemeldet, aber bei der Motorrad-HJ kamen wir nicht an. Das fiel in den turbulenter werdenden Zeiten offenbar niemandem auf. Wir hatten jedenfalls von diesem Zeitpunkt an Ruhe vor dem HJ-»Dienst«. Wenn die Sache aufgeflogen wäre, hätte es wohl böse Folgen nach sich gezogen.

Irgendwann in dieser Zeit heckten Herbert und ich den Plan aus, von der Humboldt-Terrasse ein über die ganze Stadt sichtbares »Kruckenkreuz« aufzuhängen. Das »Kruckenkreuz« war das Symbol des von den Nazis aufgehobenen christlichen Ständestaates. Wenn es jedoch irgendwie herausgekommen wäre, dass wir das gemacht hatten, hätte das wohl unseren Tod bedeutet. Von der Vorbereitung bis zur Ausführung hätte kaum alles so verborgen gehalten werden können, dass nicht irgendeine Spur auf die Täter geführt hätte. Wenn sogar ein Bruder eines meiner Lehrer in der Schule noch kurz vor dem Ende der NS-Herrschaft hingerichtet wurde, weil er ausländische Sender gehört hatte, was streng verboten war, hätte man mit uns sicher kurzen Prozess gemacht. So ließen wir schließlich den Gedanken fallen.

X. Fliegeralarme und Bombenangriffe auf Salzburg

Mit Zunahme der Fliegeralarme mussten wir fast täglich von der Schule in den Luftschutzstollen im Mönchsberg gehen. Schon bei einer Vorwarnstufe gab es in der Schule Alarm. Im Stollen spielte ich viel mit meinem damaligen Schulfreund Wilfried Koppenwallner mit einem Taschenschachspiel Schach. Wilfried war ein genialer Schachspieler, gegen den man keine Chance hatte. Er konnte mehrere Partien gleichzeitig »blind« spielen, das heißt, ohne die Stellungen der Figuren zu sehen.

Am 16. Oktober 1944 gab es in der Schule, wie schon so oft vorher, Fliegeralarm. Die Schüler marschierten in den Stollen, wie immer. Nach längerer Zeit sahen wir im Stollen anhand der Schwankung der Beleuchtung, dass richtiger Fliegeralarm gegeben wurde und kurz darauf akuter Alarm, der bedeutete, dass Bomber im Anflug waren. Bald darauf dröhnten die ersten Detonationen von Bomben über unseren Köpfen. Es hatte offensichtlich auf dem Mönchsberg eingeschlagen. Der Felsen leitete den Schall besonders stark, sodass die Detonationen ohne

Zeitverzögerung scharf zu hören waren. Da waren wir nun wirklich sehr dankbar, im Stollen sein zu können, wo man sich doch sehr sicher fühlen konnte. Wir wussten natürlich nicht, was die Bomben angerichtet hatten.

Nach dem Angriff wurden die Schüler der Oberstufe zur Hilfe für die Aufräumarbeiten abkommandiert. Meine Gruppe sollte in der Fanny-von-Lehnert-Straße in Bahnhofsnähe und in Itzling helfen, einer besonders stark betroffenen Gegend. Als dann schließlich Entwarnung kam und wir den Stollen verlassen konnten, sahen wir, dass vom Mönchsberg neben dem damaligen Mönchsberg-Aufzug ein regelrechter Wasserfall herabstürzte und sich in die Griesgasse ergoss. Das Wasserreservoir auf dem Mönchsberg war von Bomben getroffen und zerstört worden. Als ich dann über den Makartsteg zu unserem Einsatzgebiet ging, sah ich erstmals die zerstörte Kuppel des Domes. Das machte die furchtbare Realität des Krieges drastisch klar.

In der Fanny-von-Lehnert-Straße kamen wir zu einem zerbombten Haus. Als wir in den noch stehenden Eingang des Hauses blickten, sahen wir die Stiege vom Bombenschutt überhäuft und aus dem Bombenschutt zwei Beine herausragen. Wir hatten keine Ahnung, was wir nun tun sollten, und wir hatten auch keinerlei Werkzeug, um den Menschen auszugraben, der da verschüttet war. Wir wussten auch nicht, ob nicht die Reste des Hauses noch einstürzen und auch uns begraben würden. Ich weiß nicht mehr, wie es kam, dass wir dann in die Itzlinger Hauptstraße zu einem völlig zerstörten Haus geschickt wurden. Doch auch dort konnten wir praktisch nichts tun. Schließlich landeten wir im Kaiviertel. Wir wurden gebeten, vom Hohen Weg aus von einem teilweise zerstörten Haus Sachen zu bergen. Man musste vom Hohen Weg aus zuerst über den steilen Abhang hinunterklettern und erreichte dann eine eiserne Leiter, die zu diesem Hang ziemlich hoch hinaufführte. Mir wurde unten eine Rolle Dachpappe übergeben, die ich über diese Leiter hinauftragen sollte. Ich trug sie hinauf, verlor aber oben das Gleichgewicht und stürzte mit der Rolle Dachpappe auf dem Rücken, Kopf voraus, auf die Betonplatte hinunter, auf der die Leiter ruhte. Ich konnte mich mit den Händen so auffangen, dass ich nicht mit dem Kopf auf die Betonplatte aufschlug, aber eine Hand war ziemlich verletzt und schmerzte sehr. Als ich mich wieder aufgerichtet hatte und sehen wollte, was eigentlich geschehen war, gab es wieder Fliegeralarm. Damit war unsere Aktion beendet und wir mussten versuchen, in einen Luftschutzstollen zu kommen. Es gab bis dahin keine Möglichkeit, meine blutende und sehr stark schmerzende Hand irgendwie zu behandeln. Erst als wieder Entwarnung kam, konnte ich die Hand reinigen und verbinden.

Wie sich bald herausstellte, hatte der erste Bombenangriff auf Salzburg deswegen so katastrophale Folgen mit so vielen Toten, weil niemand ernsthaft damit gerechnet hatte, dass Salzburg wirklich bombardiert würde. Sehr viele Menschen blieben daher bei Fliegeralarm einfach zu Hause. Aber Salzburg war nicht nur als Eisenbahnknotenpunkt strategisch für den Nachschub von großer Bedeutung. Es kam dazu, was damals wohl die meisten nicht wussten, dass im damaligen *Hotel Europa* gegenüber dem Bahnhof, wenn die Information, die ich erhalten hatte, zutraf, das Oberkommando der Wehrmacht untergebracht war. Die Amerikaner wussten das wohl. Dieses Hotel wurde denn auch beim dritten und schlimmsten Bombenangriff im November 1944 so gut wie vollständig zerstört. Weil das Haus Elisabethstraße 15, in dem wir wohnten, sich damals in unmittelbarer Nähe des bis zur Elisabethstraße reichenden Komplexes des Hotels befand, hatte dieser Angriff auch für mich um ein Haar tödliche Folgen. Ich war damals mit Fieber allein im Haus geblieben. Nach dem Fliegeralarm war ich in den Keller des Hauses gegangen. Es war um die Mittagszeit. Ich las im Keller das Buch *Das Licht der Berge* von Franz Weiser. Plötzlich hörte ich Flugzeuge. Sie kamen von Westen. Das Gedröhne der Flugzeuge ließ das Haus erzittern, aber ich hörte sie weiterfliegen, ohne dass etwas passiert zu sein schien. Nachdem sie weitergeflogen waren, hörte ich jedoch plötzlich ein lautes Zischen und dann folgten die Detonationen der Bomben. Das Haus wurde zwar von den Detonationen stark erschüttert, das elektrische Licht im Keller schwankte, aber direkt getroffen wurde es offenbar nicht. Als die Detonationen aufgehört hatten, ging ich hinaus, um zu sehen, was passiert war. Ich konnte jedoch in unmittelbarer Nähe keine Schäden erkennen. Als ich jedoch in den Himmel nach Westen blickte, sah ich eine große Zahl Flugzeuge kommen. Die zweite Welle des Angriffs war im Kommen. Ich zog mich nun viel kleinlauter in den Keller zurück. Wieder donnerten die Flugzeuge über mich hinweg. Dann aber gab es Detonationen, die das Haus so erschütterten, dass der Verputz von der Decke des Kellers auf mich herabfiel und die Haustür über die Kellerstiege mit großem Gepolter herunterstürzte. Ich dachte, dass es jetzt bei uns eingeschlagen hätte und der Schutt mich gleich begraben würde. Aber es geschah dann weiter nichts. Als die Detonationen aufgehört hatten, ging ich wieder hinaus, aber nun war draußen schwarze Nacht von Rauch und Staub. Durch diese Nacht sah ich Richtung stadteinwärts rote Flammen lodern. Einige Häuser weiter von unserem Haus entfernt hatte sich eine Tankstelle befunden, die offenbar getroffen worden war und lichterloh brannte. Ich fühlte mich nicht mehr in der Lage, in den Keller zurückzukehren, sondern rannte so schnell ich konnte Richtung Salzach, um vielleicht noch den Luftschutzstollen im Mönchsberg bei Mülln zu erreichen. Als ich zur Salzach kam, sah ich, dass auf der anderen Seite der Eisenbahnbrücke alles zerstört war. Ich fürchtete, dort nicht durchzukommen. Daher lief ich auf der Seite des Andräviertels zum Müllner Steg. Bei der Eisenbahnbrücke stand ein Volkssturm-Posten. Zu diesem sagte ich: »Es ist nicht schön, bei dem ›Wetter‹ hier Posten zu stehen.« Er aber sagte: »Schauen Sie, dass Sie weiterkommen, die nächste Welle kommt schon.« Tatsächlich sah ich im Westen die nächste Welle kommen. Mit äußerster Kraft rannte ich zum Müllner Steg. Als ich auf der Mitte des Stegs war, sah ich bereits die Bomben herunterkommen. Jetzt war es eine Frage von Sekunden, ob ich noch rechtzeitig den Stollen erreichen konnte. Auf der Müllner Seite hing der Steg nur noch an einer Traverse und wankte stark unter meinen Schritten. Davor befand sich ein großer Bombentrichter, aus dem Gas ausströmte, das aber, Gott sei Dank, nicht brannte. Sonst wäre ich nicht weitergekommen.

Ich rannte um mein Leben zum Eingang des Stollens hinauf. Als ich den Eingang erreichte, warf mich der Luftdruck der hinter mir detonierenden Bomben geradezu in den Stollen hinein. Das hinter mir dröhnende Inferno erfüllte mich mit unendlicher Dankbarkeit dafür, dass ich den Stollen lebend erreicht hatte. Im Stollen konnte man sich damals wirklich sicher fühlen. Der Felsen leitete zwar den Schall der Detonationen sehr stark, aber man hatte im Stollen den Schutz des Berges über sich. Als ich in den Stollen hineinkam, stürzten sich gleich beunruhigte Menschen auf mich mit Fragen, was ich an Schäden gesehen habe, wo es eingeschlagen habe. Als ich berichten wollte, was ich gesehen hatte, unterbrach mich sofort irgendein NS-Funktionär und verbot mir, etwas darüber zu sagen.

In dem Bombenhagel, der genau auch auf dem Weg niedergegangen war, auf dem ich zum Stollen gelaufen war, wäre ich sicher ums Leben gekommen. Der Weg war, wie ich später gesehen habe, von Bombentrichtern übersät. Bei der Eisenbahnbrücke musste ich zusehen, wie der tote Volkssturm-Posten gerade weggetragen wurde, der mich zur Eile gemahnt hatte. Aber der arme Mann musste auf seinem Posten bleiben und in diesem Bombenhagel sein Leben verlieren. Wie ich erst später aus einem Bericht über die Bombenangriffe erfuhr, hatte dieser Angriff für den Kindergarten der Schulschwestern in der Schwarzstraße besonders tragische Folgen. Für diesen Kindergarten war nach dem Bericht ein Splittergraben als Bombenschutz gebaut worden, in dem sich die Kinder beim Angriff befanden. Der Splittergraben wurde aber direkt getroffen und zerstört. Im Keller des Hauses wären die Kinder am Leben geblieben.

Nach der Entwarnung ging ich zunächst auf die über dem Stollen liegende Müllner Terrasse, um einen Überblick über die Situation zu bekommen. Genau gegenüber, auf der anderen Seite der Salzach, brannte das vor der Salzach gelegene letzte Gebäude der Auerspergstraße lichterloh. Die Feuerwehr war bereits dabei, es zu löschen. Plötzlich explodierte offenbar in dem brennenden Gebäude noch eine Bombe und riss das ganze Gebäude auseinander. Was mit den armen Feuerwehrmännern um das Gebäude geschah, konnte ich in der Rauch- und Staubwolke nicht sehen, die durch die Explosion verursacht wurde. Diese Explosion war jedoch der Anfang einer großen und tödlichen Serie weiterer Explosionen, die, wie sich herausstellte, durch eine große Zahl von Zeitzünderbomben verursacht wurden. Ein besonders tragischer Fall ereignete sich in der Elisabethstraße in einem Farbengeschäft Lautner (?). Das Haus war völig zerstört. Ich weiß nicht, ob die Eigentümer getötet worden waren. Ihr Sohn war jedenfalls an der Front und bekam dann Heimaturlaub. Er machte sich an das Aufräumen der Trümmer, um zu retten, was noch zu retten war. Während dieser Arbeit explodierte eine unter den Trümmern liegende Bombe mit Zeitzünder. Er war sofort tot. Über mehrere Wochen explodierten dann immer wieder Bomben mit Zeitzündern, wodurch man eigentlich nirgends und nie sicher war. Das war offensichtlich eine Zermürbungstaktik.

Auch im Garten neben dem Haus Elisabethstraße 15 wurde das Loch vom Einschlag einer Bombe entdeckt, die nicht explodiert war. Weil nicht geklärt werden konnte, ob es sich um einen Blindgänger oder um eine Zeitzünderbombe handelte, bestand für unser Wohnhaus akute Gefahr, bis die Bombe entschärft werden konnte, was zum Glück nach wenigen Tagen gelang. Für uns hatte das aber zunächst die traurige Folge, dass wir bis zur Entschärfung der Bombe nicht in unsere Wohnung gehen durften. Wir wurden in der Zwischenzeit im Gasthaus *Plainhof* untergebracht. Als wir dann nach einigen Tagen unsere

Wohnung betreten konnten, stellten wir fest, dass alle Fenster zerborsten waren. Unser unmittelbares Nachbarhaus Nr. 13 war völlig zerstört. Die Häuser Nr. 15–19 waren in einem Block zusammengebaut. Neben dem Haus Nr. 19 am Anfang der Stauffenstraße hatte eine Bombe einen gewaltigen Krater aufgerissen. Durch diese Explosion wurde das Haus Nr. 19 schwer beschädigt und natürlich der ganze Block heftig erschüttert. Das war wohl die Explosion, die mich glauben ließ, dass es bei uns eingeschlagen hatte. Vor allem aber war, wie bereits im Zusammenhang mit dem ersten Angriff erwähnt, der ganze Komplex des *Hotels Europa* fast vollständig zerstört worden. Er brannte noch mehrere Tage nach dem Angriff. Als ich die Zerstörungen um unser Wohnhaus sah, war mir klar, weshalb für mich, als ich sofort nach dem Angriff aus dem Keller herauskam, mittags finstere Nacht aus Staub und Rauch herrschte. Als ich dann ein Stück aus dieser Finsternis hinausgelaufen war, bekam ich rasch wieder klare Sicht.

Nach diesem Angriff war es unmöglich, die Fenster wieder einglasen zu lassen. Man musste sich damit behelfen, die Fensterrahmen mit Pressholzplatten notdürftig zu füllen und mithilfe der Glasscherben eine kleine Öffnung zu lassen, durch die etwas Licht in den Raum kommen konnte. Die Pressholzplatten hatten den Vorteil, dass man die vorgeschriebene Verdunkelung am Abend und in der Nacht leichter bewirken konnte. Bei den folgenden Bombenangriffen flogen die Pressholzplatten zwar wiederholt aus den Rahmen, aber sie zerbrachen nicht. So konnte man sie immer wieder verwenden. Mit neuem Glas konnten die Fenster erst nach dem Ende des Krieges bestückt werden.

In dieser ganzen Zeit war die ständige Bedrohung durch Fliegerangriffe eine sehr schwere Belastung. Je näher die Front rückte, desto häufiger wurden jedenfalls die Fliegeralarme. Man konnte fast keine Nacht mehr durchschlafen. Mitten in der Nacht gab es oft Fliegeralarm. Man musste aus dem Bett springen und sehen, wohin man sich zum Schutz vor den Bomben hinbegeben konnte. Entweder suchte man einen der Luftschutzstollen in den Stadtbergen auf oder man floh aus der Stadt hinaus.

Ich ging bei Fliegeralarm häufig einfach der Salzach entlang Richtung Bergheim und darüber hinaus aus der Stadt. In einer klaren Mondnacht war ich bereits bei Muntigl, als ich Flugzeuge hörte und dann Bombenexplosionen sehen und hören konnte, wobei mir nicht ganz klar war, ob die Bomben auf Bergheim gefallen waren oder auf die Gegend von Obergnigl und vielleicht Guggenthal. Die Explosionen dröhnten so gewaltig, dass sie sehr nahe zu sein schienen. Wie ich nachher erfuhr, waren die Bomben wohl dem Gnigler Bahnhof zugedacht gewesen, aber darüber hinausgegangen.

Plötzlich sah ich jedoch an den Kondensstreifen am Himmel andere Flugzeuge von Westen her genau in die Richtung kommen, in der ich mich befand. Ich rannte in den Wald an der Böschung, östlich der Straße nach Oberndorf. Die Flugzeuge flogen genau über mir. Nach kurzer Zeit hörte ich dann das mir bereits bekannte Zischen der herabfallenden Bomben und ich dachte, dass sie direkt auf mich herunterkämen. Ich warf mich auf den Boden. Aber die Bomben waren offenbar nur über mich hinweggeflogen, denn plötzlich hörte ich das Zischen nicht mehr, es verschwand sozusagen hinter der Kante des Hügels. Aber dafür hörte ich dann gleich einige relativ gedämpfte De-

tonationen, woraus ich erkannte, dass die Bomben einem
Ziel jenseits des Hügels galten. Auf der anderen Seite des
Hügels befand sich Kasern. Man hatte schon gemunkelt,
dass die dortige Glockengießerei in einen Rüstungsbetrieb
umfunktioniert worden sei. Dem galt offenbar der An-
griff. Aber aus der Position der Flugzeuge hatte ich beim
Zischen der Bomben das Gefühl, dass sie genau in den
Wald fallen würden, in dem ich lag.

Einmal ging ich sogar über Oberndorf hinaus bis nach
St. Georgen an der Salzach. Es war wohl im Januar oder
Februar, jedenfalls war Winter mit Schnee, ein klarer und
kalter Tag. Ich hatte relativ hohes Fieber und wollte wegen der Gefahr der Bombenangriffe nicht in meinem damaligen Zimmer in der Griesgasse bleiben. Den weiteren
Weg wählte ich, um den Kooperator Margreiter zu besuchen, der von Salzburg aus politischen Gründen nach
St. Georgen versetzt worden war. Die Nazis wollten sein
Wirken in Salzburg abstellen. Als ich dann abends in mein
Zimmer zurückkehrte, stellte ich fest, dass der Fußmarsch
mir nicht geschadet hatte. Das Fieber war vielmehr fast
auf Normal zurückgegangen und, wenn ich nicht irre, am
nächsten Tag überhaupt verschwunden.

Als die Front immer näher an Salzburg heranrückte,
kam es auch bereits zu Tieffliegerangriffen. Auf einem
meiner Wege aus der Stadt erlebte ich bei Hagenau einen
Tieffliegerangriff über Freilassing, wobei die Flugzeuge
dann auch über Hagenau flogen. Maschinengewehrfeuer
habe ich aber nur auf der Freilassinger Seite gehört. Weil
man aber davor gewarnt worden war, dass Tieffflieger auf
alles schießen würden, was sich sichtbar bewegte, warf ich
mich in Deckung. Ein andermal war ich bereits in der An-
theringer Au, als wieder ein Tieffliegerangriff geschah. Ich

warf mich unter den Bäumen auf den Boden. Einmal erlebte ich bei einem Nachtangriff, wie wohl über Freilassing sogenannte »Christbäume« abgeworfen wurden. Das waren langsam zur Erde fallende Leuchtkörper, die das Zielgebiet erleuchten sollten, um die Treffsicherheit der Bomben zu gewährleisten. Freilassing war als Eisenbahnknotenpunkt ein strategisch wichtiges Ziel. Nach dem »Feuerwerk« der »Christbäume« folgten die Detonationen der Bomben.

XI. Die letzte Nacht vor dem Einmarsch der Amerikaner

Allmählich wurde die Spannung immer größer, ob es zur Vorbereitung der Einnahme der Stadt einen vernichtenden Bombenangriff auf Salzburg geben würde. Es begann wohl Ende April oder um den ersten Mai 1945 bereits der hörbare Artilleriebeschuss auf die westlichen Vororte Lehen und Maxglan. Wir wussten damals natürlich nicht, dass der Kommandant der Stadt, Oberst Lepperdinger, unter eigener Lebensgefahr die Vernichtung der Stadt dadurch verhindert hatte, dass er die Stadt im letzten Moment den amerikanischen Truppen zur »offenen Stadt« erklärt hatte. Er blieb am Leben, weil das NS-Regime auf ihn keinen Zugriff mehr hatte. Ich saß jedenfalls in der letzten Nacht vor dem Einmarsch der Amerikaner in Erwartung eines vernichtenden Bombenangriffs im Stollen beim Neutor.

Plötzlich kamen Leute mit verschiedenen Lebensmitteln in den Stollen, die sie aus einem offenen und unbewachten Lebensmittellager der Wehrmacht geholt hatten,

das sich zwischen der Pferdeschwemme am Max-Rein-
hard-Platz und dem Mönchsberg befand. Sie erklärten,
man könne sich dort frei Sachen holen. Mehrere Leute
gingen dann dorthin, so auch ich. Ich fand noch eine
Schachtel mit, wenn ich mich recht erinnere, zwölf Kilo-
dosen Gemüsekonserven. Ich nahm die Schachtel mit und
stellte sie unter meinen Sitzplatz im Stollen. Nach einiger Zeit stürmte plötzlich ein SS-Trupp in den Stollen herein. Die Plünderung des Wehrmachtslagers war offenbar
bemerkt worden. Für die Plünderung eines Wehrmachtslagers drohte standrechtliche Erschießung. Ein roh aus-
sehender SS-Mann kam gleich mit vorgehaltener Pistole
auf mich zu und hielt mir die Pistole auf die Brust. Ich
sah mich schon tot. In dem Augenblick schrie ein anderer SS-Mann: »He, da türmt eener« (Da läuft einer davon). Daraufhin stürmte der ganze SS-Trupp dem Flüch-
tigen nach und kam nicht wieder zurück.

Irgendwann in der Nacht gab es den sogenannten
»Feind-Alarm«, der bedeutete, dass jetzt »feindliche«
Truppen in die Stadt kämen. Damit war aber klar, dass
kein Bombenangriff mehr erfolgen würde. Daher entschloss ich mich, den Stollen zu verlassen und zunächst
in mein nahe beim Stollen gelegenes Zimmer zu gehen.

XII. Der Tag der Befreiung der Stadt und das Ende des Krieges

Es war früh am Morgen, als ich den Stollen verließ. Ich
wohnte damals bei meinem Klassenkameraden Wilfried
Koppenwallner in der Griesgasse. Ich entschloss mich, zu
Koppenwallners zu gehen. Der Weg vom Stollen dorthin

war zu der Zeit menschenleer. Etwas später konnten wir dann den Einmarsch der amerikanischen Truppen über die Griesgasse zur Staatsbrücke beobachten. Ich winkte den Soldaten freudig zu, worüber Wilfried etwas schockiert zu sein schien. Ich betrachtete sie jedenfalls als die höchst willkommenen Befreier von einem Terrorregime.

Ich entschloss mich dann, doch in unsere Wohnung in der Elisabethstraße zu gehen, wobei ich die schwere Schachtel mit den Gemüsekonserven zu tragen hatte. Als ich in der Wohnung ankam, erfuhr ich, dass in unser Zimmer fünf amerikanische Soldaten einquartiert waren. Für meine beiden Schwestern hatte die Hauseigentümerin eine kleine Kammer im ersten Stock zur Verfügung gestellt. Meiner Mutter blieb die Küche. Mein Vater wohnte bereits in einem Zimmer in der Haydnstraße. Zunächst habe ich wohl auch in der Küche geschlafen. Die Soldaten hatten wohl mein Bett aus dem Zimmer in die Küche gestellt, denn sie schliefen auf Matratzen auf dem Boden.

Ich glaube, es war in der Nacht zum 8. Mai 1945, als plötzlich eine fürchterliche Schießerei losging. Entsetzt sprang ich aus dem Bett und fürchtete, dass die SS oder die Wehrmacht zurückgeschlagen hätte und wir nun plötzlich die Front mitten in der Stadt hätten. Ich rannte verstört zur Haustür hinunter und trat auf die Straße. Da sah ich »unsere« Amerikaner auf der Straße stehen und in die Luft schießen. Auf meine bestürzte Frage, was das bedeute, antwortete ein Soldat: »War finished!« Das erfüllte mich natürlich mit sehr großer Erleichterung.

XIII. Die Monate nach dem Kriegsende

Die erste Zeit nach dem Kriegsende in Salzburg war für uns äußerst schwierig. Die normale Versorgung war völlig zusammengebrochen, große Geschäfte waren, wie jedenfalls behauptet wurde, von den vielen in Salzburg lebenden Flüchtlingen geplündert und geschlossen worden. Für die ersten Wochen waren für uns die zwölf Konservendosen mit je einem Kilo Gemüse, die ich aus dem Wehrmachtslager geholt hatte und deswegen um ein Haar standrechtlich erschossen worden wäre, geradezu lebensrettend. Von irgendwoher hatten wir etwas Roggenmehl bekommen, mit dessen Hilfe meine Mutter das Gemüse irgendwie zubereiten konnte. Zunächst war kein Brot zu bekommen. In dieser Not tauschten Menschen bei Bauern kostbarste Wertsachen gegen Brot ein. Mir selbst bot ein Mann einen goldenen Ring für einen Laib Brot an, aber ich hatte selbst keines. Ich kann mich an einen Fall erinnern, bei dem jemand ein Klavier für Brot und Lebensmittel eintauschte. Wir hatten leider keine Kontakte zu Bauern auf dem Lande. Als ich einmal im Hinterhof unseres Wohnhauses ein geliehenes Fahrrad putzte und der Hunger mich quälte, habe ich zu meiner Mutter im zweiten Stock hinaufgerufen, ob sie nicht *irgendetwas* zu essen hätte. Meine Mutter musste aus dem Küchenfenster zu mir hinunterrufen, dass sie leider nichts habe. Das hörte eine freundliche Frau, die im ersten Stock wohnte. Sie rief mir zu, ich solle zu ihr hinaufkommen. An ihrer Wohnungstür überreichte sie mir ein steinhartes Endstück eines Schwarzbrotes, das ich dann mit größter Dankbarkeit zerkaute. Die Organisation der Versorgung setzte nur langsam ein.

Bald wurden auch wieder Lebensmittelkarten ausgegeben. Dann gab es plötzlich in den Bäckereien Maisbrot zu kaufen, das uns bei unserem Hunger auch köstlich schmeckte. Aber auch das Maisbrot gab es dann nur entsprechend den knappen Zuteilungen auf den Lebensmittelkarten. Die jeweils für ein bestimmtes Gewicht an Brot geltenden Abschnitte der Lebensmittelkarten reichten nicht aus, um den wirklichen Brotbedarf zu decken.

Unser Nachbarhaus war total ausgebombt. Die Nachbarn, eine Familie Fally, waren weggezogen und wir durften inzwischen ihren ziemlich großen Garten nutzen. Wir pflanzten dort Tomaten, Salat und ich weiß nicht mehr, was sonst noch alles. Mein Vater pflanzte jedenfalls auch Tabak. Als Holunderbeeren an einem großen Strauch reif wurden, kochte meine Mutter aus den Beeren Kompott und dickte es mit Roggenmehl ein, das einzige Mehl, das wir damals irgendwie bekommen konnten. Bei unserem Hunger war dies trotzdem eine köstliche Speise. In dem Garten war auch ein großer Birnbaum, dessen Zweige weit über die Grenze zu einem kleinen Hinterhof hinter dem Haus reichten, in dem wir wohnten. Deswegen hatten wir schon früher die auf diese Seite herabgefallenen Birnen nehmen dürfen. Die Birnen wurden freilich erst im Sommer reif. Aber dann waren sie eine sehr willkommene Gabe.

Ich kann mich nicht mehr erinnern, wann die Nachbarn selbst sich um ihr zerstörtes Haus und den Garten zu kümmern begannen. Ich glaube, dass wir ziemlich den ganzen Sommer den Garten nutzen durften. Jedenfalls ernteten wir noch Tomaten und anderes, mein Vater Tabakblätter, die er dann weiterbehandelte.

Eines Tages hatten unsere einquartierten Soldaten meiner Mutter einen sehr dummen und zusätzlich lebensgefährlichen »Streich« gespielt. Sie hatten in den Küchenherd Patronen unter die Holzkohlen, die noch drin waren, gelegt. Als meine Mutter später Feuer machte, explodierten die Patronen mit solcher Wucht, dass der ganze Herd auseinanderfiel und meine arme Mutter in einer Wolke von Asche und Ruß stand und ganz schwarz wurde. Zum Glück traf sie keines der Projektile, die bei der Explosion aus den Patronen flogen. Ich war zu der Zeit nicht zu Hause. Als ich dann später nach Hause kam und den zerfallenen Herd samt dem Zustand in der Küche sah, den die Explosionswolke aus Ruß und Asche angerichtet hatte, erfüllte mich eine ohnmächtige Wut über diesen bösen Streich der Soldaten. Damals war es unmöglich, jemanden zu finden, der uns den Herd gerichtet hätte. Um ihn selbst wieder zusammensetzen zu können, musste ich irgendwo Lehm auftreiben. Herbert Rieser kannte zum Glück einen Hafnerbetrieb in Itzling, von dem ich dann tatsächlich wenigstens den nötigen Lehm bekam. Ich habe dann den Herd von Grund auf neu zusammensetzen müssen, weil er total aus den Fugen geraten war. Der Herd bestand im gemauerten Teil aus großen Kachelkörpern. Das waren nicht bloß der Verkleidung dienende flache Kacheln, sondern Kacheln mit einem ziegelförmigen Hohlkörper, die sich wie Ziegel vermauern ließen. Die Kacheln selbst waren zum Glück nach meiner Erinnerung noch alle intakt. Den Herd wieder zusammenzusetzen, war aber gleichwohl eine sehr komplizierte und schwierige Aufgabe, weil es ein Herd mit Backrohr und einem eingebauten Wasserbehälter war, in dem beim Heizen auch gleich Heißwasser bereitet wurde. Ich kann mich nicht erinnern, wie lange ich für die Arbeit brauchte, aber schließlich funktionierte der Herd wieder tadellos.

Wohl durch Vermittlung von Freunden in der Katholischen Jugend aus Anthering kam es irgendwann im Sommer 1945 dazu, dass ich beim Bäcker in Anthering, bei der Familie Schmidhuber, in der Landwirtschaft helfen durfte. Das verhalf mir selbst doch zu einer relativ kräftigen Nahrung und zu der Möglichkeit, ein wenig mit Brot für die Familie nachzuhelfen. Wenn ich dann ab und zu nach Hause auf Besuch kam, erklärten meine Schwestern, dass sie sich meinetwegen vor den in der Wohnung anwesenden Soldaten schämen müssten, weil ich so stark nach Stall roch. Die Arbeit in der Landwirtschaft bringt das leider so mit sich. Ich selbst bemerkte natürlich den Geruch an mir nicht.

XIV. Die Wiederherstellung Österreichs und unserer Staatsbürgerschaft

Meine Familie hatte sich seit jeher als österreichisch betrachtet. Meine Vorfahren in Russland besaßen zwar als kaiserliche Beamte die russische Staatsbürgerschaft, aber in der Familie wurde immer auch die deutsche Sprache gebraucht, neben der Hofsprache Französisch und der Landessprache Russisch. Mit der Flucht aus Russland aus Anlass der Revolution verlor mein Vater die russische Staatsbürgerschaft. Er wurde, wie alle damaligen Flüchtlinge, staatenlos. Auch wenn wir keine Staatsbürgerschaft hatten, fühlten wir uns immer als Österreicher. Deswegen wollte mein Vater in Finnland nicht die finnische Staatsbürgerschaft annehmen, obwohl er sie als Künstler leicht erhalten hätte. Mein Vater wollte sich aber an der Österreichischen Botschaft in Helsingfors um die Verleihung der österreichischen Staatsbürgerschaft bemühen. Er kam am 12. März 1938 zur Österreichischen Botschaft, um die dafür nötigen Schritte einzuleiten. Er fand jedoch die Österreichische Botschaft in völligem Chaos vor. Er hatte natürlich keine Ahnung davon gehabt, dass genau an dem Tag die deutschen Truppen in Österreich einmarschiert waren und Österreich von Hitler-Deutschland annektiert worden war. Aber auch in Salzburg hatte mein Vater, obwohl er Professor für Klavier am Mozarteum war, die deutsche Staatsbürgerschaft nicht annehmen wollen, mit der Begründung, dass er Österreicher sei. Als nun Österreich wieder erstand, rechnete mein Vater damit, dass wir nun endlich auch als Österreicher anerkannt würden. Aber davon war keine Rede. Hätte mein Vater im Krieg nicht darauf bestanden, Österreicher zu sein und die deutsche Staatsbürgerschaft angenommen, wären wir wohl automatisch auch als Österreicher anerkannt worden. So aber blieben wir staatenlos und wurden als DPs *(displaced persons)*, also als Flüchtlinge registriert und bekamen einen Viersprachenausweis für Staatenlose. Dies war für meinen Vater ein solcher moralischer Schlag, dass er sich entschloss, mit der Familie nach Argentinien auszuwandern.

Über die Flüchtlingsorganisation IRO, die in Salzburg in der Residenz ein Büro hatte, konnten wir im Jahr 1946 die Visaanträge für unsere Familie stellen. Erzbischof Rohracher gab uns eine sehr wohlwollende Empfehlung für unsere Anträge. Gleichzeitig mussten wir aber auch bei den vier Besatzungsmächten Ausreisevisa beantragen, um Österreich verlassen zu können. Die russische Besatzungsmacht verweigerte in unserem Fall die Zustimmung ohne Angabe von Gründen. Damit war klar, dass wir bei den Russen noch auf einer »schwarzen Liste« standen. Die Amerikaner in Salzburg erklärten, sich darum nicht kümmern zu wollen und erteilten uns trotz der Ablehnung der Russen die nötigen Ausreisevisa. Bald erhielten wir die Nachricht, dass die Visa für Argentinien erteilt wurden. Daraufhin wurde der Abreisetag aus Genua festgelegt. Die Schiffsplätze mussten von der Zentrale in Paris gebucht werden. Von dieser sollten wir dann die Schiffskarten erhalten. Inzwischen hatten wir begonnen, unseren Haushalt aufzulösen und zu packen, was wir mitnehmen konnten. Der Abreisetag nach Genua näherte sich, aber die Schiffskarten aus Paris kamen nicht. Der sehr freundliche Beamte von der IRO in Salzburg sagte uns, die Beamten in Paris hätten versichert, dass die Karten unterwegs seien und gleich ankommen müssten. Bis zum vorgesehenen Abreisetag nach Genua waren die Karten jedoch noch nicht eingetroffen. Ohne Schiffskarten konnten wir aber nicht nach Genua fahren und so blieben wir in Salzburg. Später wurde uns gesagt, dass wir Opfer der Korruption in Paris geworden seien. Wir seien durch einen Trick um unsere Visa gebracht worden. Um dies zu tarnen, seien die Schiffskarten tatsächlich nicht versandt worden. Bis dann diejenigen, für die die Visa ausgestellt waren, neue Schiffsplätze hätten bekommen können, waren für sie die Visa bereits abgelaufen. Die Visa waren quotiert und schwer zu bekommen. Innerhalb der Quote konnte man jedoch, so wurde uns gesagt, die für bestimmte Personen genehmigten Visa an andere Personen weitergeben. Dies sei gegen entsprechende Bestechungssummen geschehen. Bei unserer Familie waren das gleich fünf Visa, für meine Eltern, meine zwei Schwestern und für mich. Ob das wirklich so war, kann ich natürlich nicht überprüfen. Aber nachträglich kann ich Gott nur dafür danken, dass wir dadurch nicht nach Argentinien gekommen sind, sondern in Salzburg bleiben durften. 1950 haben wir dann doch schließlich die österreichische Staatsbürgerschaft erhalten.

XV. Die Jahre bis zu meiner Matura 1948

Als der vorgesehene Abreisetermin nahe bevorstand, hatte ich mich von meiner Schule verabschiedet. Als klar wurde, dass unsere Abreise doch nicht stattfinden würde, kehrte ich in die Schule wieder zurück. Die Freundschaft mit Herbert Rieser hatte unter anderem die Möglichkeit gegeben, gemeinsam Bergtouren zu unternehmen. Ich war zwar im Krieg auch oft nach der Schule allein auf den Untersberg gegangen, um oben zu lernen. Dabei ging ich von unserer Wohnung in der Elisabethstraße aus zu Fuß die ganze Moosstraße entlang bis zum Untersberg und stieg dann hinauf. Ich ging zunächst nur über den Reitsteig hinauf. Erst vielleicht ein oder zwei Jahre nach dem ersten Aufstieg mit meinem Vater im Jahr 1940 bis zur oberen Rositte, von der aus man den Dopplersteig am Fuße der Dopplerwand sieht, wagte ich mit anderen den Aufstieg über den Dopplersteig. Mein Vater wollte, als er den Dopplersteig sah, nicht mehr weitergehen. Wir waren damals auch nicht für eine Bergtour ausgerüstet. Ich glaube, ich hatte sogar nur Turnschuhe getragen. Ich war damals elf Jahre alt. Mit Herbert bin ich oft auf den Nockstein gegangen. Wir haben auch gemeinsam ganz primitive Kletterversuche mit Seil unternommen.

Erst nach dem Krieg im Jahr 1946 – ich war wie Herbert damals siebzehn Jahre alt – regte Herbert Rieser an, dass wir einmal eine Hüttentour vom Hinteren Gosausee über den Dachstein nach Hallstatt unternehmen und dann noch in das Tote Gebirge gehen sollten. Wir bereiteten die Tour gut vor und Herberts Schwester versorgte uns mit dem damals möglichen Proviant, der hauptsächlich aus Mehl, Reisflocken, Milchpulver, Eipulver, Sardinendosen, Speck und Schwarzbrot bestand. Zu Beginn der Ferien fuhren wir nach Gosau und marschierten dann zunächst zur Alm am Hinteren Gosausee, um dort zu übernachten. Vom Senner wurden wir sehr freundlich aufgenommen. Er lud uns sogar zu einer Bootsfahrt auf dem Hinteren Gosausee ein, bei der er mit einer kräftigen Stimme Heimatlieder sang und uns das Echo bewundern ließ, das seine Jodler auslösten. Ich kann mich noch lebhaft erinnern, dass der Anblick des Gosaugletschers mich damals beunruhigte. Es war wohl Anfang Juli und der Gletscher war weitgehend aper. Ich meinte irrtümlich, dass die aperen Teile, die dunkel waren, bedeuteten, dass dort kein Gletscher mehr sei. Ich hatte die Sorge, dass wir beim Aufstieg kaum noch einen Gletscher vorfinden würden. Wir hatten zwar für diese Tour Schuhe mit genagelten Sohlen, aber sonst keine besondere Ausrüstung, vor allem kein Seil.

Wir sind dann am nächsten Morgen früh zur Adamek-Hütte aufgebrochen, die direkt am Rand des Gletschers stand. Wir waren so früh auf der Hütte, dass wir noch etwas die Gegend erkunden konnten. Am nächsten Morgen kam dann der Aufstieg über den Gletscher und den Westgrat auf den Dachstein. Wir waren bald auf dem Gletscher, auf dem der Schnee bereits teilweise so weit aufgeweicht war, dass er als Schneematsch wie ein Wasserfall über den Gletscher hinunterrann, wenn man drauftrat. Plötzlich standen wir jedoch vor einer Spalte, die uns den Weiterweg versperrte. Sie war zu breit, um darüberspringen zu können. Dann bemerkte ich, dass an einer Stelle ein riesiger Felsblock auf der Spalte lag und damit eine natürliche Brücke über die Spalte bildete. Nur sozusagen zum Spaß stieß ich mit einem Fuß auf den Felsblock, um mich zu vergewissern, ob er auch gut halten würde, woran ich zunächst nicht zweifelte. Aber dieser kleine Stoß reichte aus, um den Block mit einem riesigen Getöse in die Spalte stürzen zu lassen. Das Eis um den Block war offenbar durch die starke Sonne so weit abgeschmolzen, dass es nur diesen im Verhältnis zur Größe des Blocks winzigen Stoß brauchte, um den Absturz auszulösen. Dies war für uns eine heilsame Warnung zu größter Vorsicht. Nun mussten wir erst eine Stelle suchen, an der wir die Spalte überqueren konnten, aber wir mussten sie dann ganz umgehen. Wir erreichten schließlich den Einstieg in den Klettersteig des Westgrats und der Aufstieg zum Gipfel ging sehr gut.

Am Gipfel, auf dem damals noch kein Gipfelkreuz stand, sahen wir jedoch von der Seite des Hallstätter Gletschers Seilschaften heraufkommen. Etwas besorgt fragte ich einen der Bergführer, ob man da auch ohne Seil hinunterklettern könne. Es war auch auf dieser Seite ein gesicherter Klettersteig. Der Bergführer sah uns prüfend an und sagte, wir könnten da auch ohne Seil hinunterklettern. Das taten wir dann auch und waren überrascht, wie schnell wir den Gletscher auf der Nordseite erreichten.

Der Abstieg war viel kürzer als der Aufstieg über den Westgrat. Wir gingen dann über den Schladminger Gletscher und den Koppenkarstein zum Guttenberg Haus. Von dort aus bestiegen wir am nächsten Tag den Scheichenspitz und überquerten am darauffolgenden Tag bei dichtem Nebel das Dachsteinplateau zur Gjaid Alm auf der Hallstätter Seite. Wir besuchten am Tag darauf noch die höchst eindrucksvollen Eishöhlen des Dachsteins und fuhren dann von Obertraun mit dem Zug nach Bad Aussee und gingen von dort nach Altaussee, von wo aus wir den Aufstieg zum Appelhaus im Toten Gebirge begannen. Wir erreichten am Abend eine verlassene Alm gerade rechtzeitig, um uns dort auf der offenen Feuerstelle in der »Rauchkuchl« ein Abendessen zu richten und dann in der Almhütte zu übernachten.

Am nächsten Morgen empfand ich jedoch eine starke Übelkeit. Um die Almhütte herum gab es reife Heidelbeeren, von denen ich einige aß, aber die Übelkeit wurde nicht besser. Wir gingen dann doch weiter und kamen zu einem kleinen See, an dem wir die Mittagsrast hielten. Ich konnte jedoch kaum etwas essen. Wir kamen dann zu einer bewirtschafteten Alm, bei der uns eine sehr freundliche Sennerin Buttermilch anbot. Ich sagte, mir sei so schlecht, dass ich keine trinken könne. Die Sennerin meinte jedoch, dass mir die Buttermilch sicher nur guttue. So trank ich auch einen Becher Buttermilch. Diese nahm mein Magen jedoch nicht mehr an, sie kam so schnell heraus, wie ich sie getrunken hatte.

Im Appelhaus besorgte Herbert die Formalitäten der Anmeldung für uns. Ich bat, mich schnell hinlegen zu dürfen. Auch am nächsten Tag fühlte ich mich nicht besser, eher im Gegenteil. Obwohl der Hüttenwirt wusste, dass es mir schlecht ging und ich auf dem Matratzenlager lag, sagte er einem zufällig die Hütte besuchenden Arzt nichts davon. Aber am nächsten Tag kam zufällig Prof. Jakob Lechner von unserer Schule zur Hütte. Herbert sagte ihm, dass es mir so schlecht gehe. Prof. Lechner war beim Militär Sanitäter gewesen und kannte sich daher etwas mit Krankheiten aus. Er untersuchte mich und stellte sofort eine Blinddarmentzündung fest. Darauf sagte er zu Herbert, er solle sofort hinunterlaufen und die Bergrettung verständigen. Telefon gab es damals keines auf der Hütte. Die Bergrettung kam noch am späten Abend zur Hütte. Zu der Zeit hatte man bei mir provisorisch mit einem gewöhnlichen Thermometer Temperatur gemessen, wonach ich 40 Grad Fieber gehabt hätte. Der Leiter der Bergrettergruppe von acht Mann fragte mich, ob ich es noch bis zum nächsten Morgen aushalten würde, denn es wäre jetzt sehr gefährlich, den Abstieg in der Dunkelheit zu machen. Ich konnte das natürlich nicht beurteilen.

Am nächsten Morgen beim ersten Morgengrauen trugen mich abwechselnd je vier Männer auf einer Tragbahre nach Grundlsee hinunter. Der Abstieg dauerte acht Stunden. In Grundlsee stand bereits der Rettungswagen an der Stelle, an der die Träger mit mir ankamen. Ich wurde sofort in das Krankenhaus nach Bad Aussee gebracht. Der Primar, der als Spezialist für Blinddarm bezeichnet wurde, untersuchte mich kurz und sagte zu den umstehenden Schwestern: »Sofort in den Operationssaal!« Ich wurde sofort in den Operationssaal gebracht und gleich auf den Operationstisch gelegt. Sofort wurde die Äthernarkose vorbereitet und eingeschaltet. Die Operationsschwester sagte nur: »Bitte, zählen Sie!« Ich begann, laut zu zählen. Herbert hatte mir von seiner Blinddarmoperation erzählt, dass er beim Zählen bis elf gekommen sei, dann aber das Bewusstsein verloren habe. Ich war aber schon bis zwanzig gekommen und dachte, ich sei bestimmt auch schon weg und hörte zu zählen auf. Die Schwester befahl: »weiterzählen«, was ich dann auch tat. Ich glaube, ich erreichte die Zahl 36, bis ich endlich das Bewusstsein verlor. Die Äthernarkose war alles andere als angenehm im Vergleich zu den modernen Narkosen, bei denen man nichts merkt.

Das Erste, das ich nach der Narkose hörte, war ein verzweifelter Schrei, wie mir schien, aus großer Entfernung, ein langgezogenes: »Aaauuuslassen!« Ich musste darauf reagiert haben. Als ich wieder aus der Narkose langsam und mühsam aufwachte, berichtete mir eine Schwester, dass sie mich mit einer anderen Schwester zu zweit aus dem Operationssaal zum Krankenbett tragen mussten. Eine Schwester hatte mich bei den Armen umfasst, die andere an den Beinen. Ich hielt mich, noch in der Narkose, nicht nur an der Schwester fest, die mich bei den Armen umfasste, sondern umklammerte sie so sehr, dass sie bereits blau im Gesicht anlief. Erst auf den Schrei der anderen Schwester hin habe ich dann wirklich ausgelassen. Der Arzt berichtete mir nachher, dass der Blinddarm unmittelbar vor dem Durchbruch war. Er hätte schon jeden Augenblick durchbrechen können. Was das zumindest bedeutet hätte, konnte ich bei meinem Bettnachbarn sehen. Bei ihm war unglücklicherweise der Blinddarm bereits durchgebrochen. Er hing nun an einem Schlauch, mit dem die Bauchhöhle durch die Operationswunde mit einem Desinfektionsmittel ständig durchgespült werden musste. Penizillin gab es damals noch nicht. Ein Blinddarmdurchbruch führte oft zum Tod. Ich weiß auch nicht, ob mein Bettnachbar am Leben geblieben ist. Als ich das Krankenhaus verlassen durfte, war er noch nicht gerettet. Mir hatte dagegen die rasche Diagnose durch Prof. Jakob Lechner und das schnelle Handeln meines Freundes Herbert das Leben gerettet. Wenn die Bergrettung dann nicht sofort aufgestiegen wäre, sondern erst am nächsten Morgen, wäre es sicher zu spät gewesen. So habe ich mich, Gott sei Dank, relativ rasch von der Operation erholt.

Im Jahr darauf (1947, ich war damals neunzehn Jahre alt) habe ich mit Herbert und vielen anderen den gleichen Aufstieg auf den Dachstein über den Westgrat unter ganz anderen Umständen gemacht. Im Sommer 1947 hatte sich die Katholische Jugend von Salzburg unter der Leitung des damaligen Diözesanjugendseelsorgers Bruno Regner und des damaligen Diözesanjugendführers Franz Zöchbauer mit oberösterreichischen und steirischen Freunden zusammengetan, um auf dem Dachstein ein Gipfelkreuz aufzustellen. Das Gipfelkreuz aus Eisen wurde so in Teilen hergestellt, dass die Teile durch einzelne Träger auf den Gipfel getragen und dann auf dem Gipfel zusammengeschraubt werden konnten. Dazu mussten Zement, Sand und Wasser in ausreichender Menge auf den Gipfel geschafft werden. Die Lasten wurden verteilt. Mir wurde ein halber Zementsack (25 kg) anvertraut. Für die Aufstellung des Kreuzes war nach meiner Erinnerung der Rupertitag 1947 vorgesehen. Wir sind am Tag vor dem Rupertitag auf einem offenen Lkw nach Gosau gebracht worden. Von dort stiegen wir zur Adamek-Hütte auf. In der Adamek-Hütte war am Abend eine große Gruppe zu diesem Ereignis versammelt. Die Stimmung wurde so ausgelassen, dass unser Seelsorger Bruno Regner drohte, die

Gipfelmesse vor dem neu aufgestellten Kreuz nicht zu feiern, wenn sich die Gesellschaft nicht zu einer entsprechenden Vorbereitung gesammelt verhalte. Es trat dann rasch die Ruhe ein, die auch ich mir gewünscht hatte.

Am nächsten Morgen stiegen wir bei Nebel und leichtem Schneerieseln mit Teilen des Kreuzes oder anderen Lasten auf dem Rücken, wie etwa meinem halben Zementsack, über den Westgrat zum Gipfel auf. Die Sache wurde als so bedeutsam angesehen, dass uns sogar die »Wochenschau« dabei begleitete und filmte. Ich habe die Wiedergabe dieser Aufnahmen in der »Wochenschau« dann tatsächlich auch gesehen. Die Aufnahmen waren durch den Nebel erheblich beeinträchtigt. Auf dem Gipfel wurde dann das Fundament des Kreuzes einbetoniert und das Kreuz zusammengestellt. Als die Arbeiten beendet waren, feierte der Diözesanjugendseelsorger Bruno Regner eine hl. Messe und weihte das Kreuz. Es war eine überaus eindrucksvolle Feier, die auch gefilmt wurde. Man sah dann in der »Wochenschau«, wie die Teilnehmer an der Feier zum Schutz vor Kälte und Nebel vermummt um den am Fuße des Kreuzes hergerichteten Altar standen.

Ich selbst konnte den Dachstein danach, bedingt durch meine Lebensumstände, lange Zeit nicht mehr besteigen. Die nach meiner Matura folgende berufliche Belastung hat mich nicht mehr an den Dachstein denken lassen. Dann folgte das Studium in Innsbruck. Als ich dort zum Assistenten am »Institut für Römisches Recht« bestellt wurde, erfolgte die Übersiedlung der Familie nach Innsbruck. 1964 wurde ich in Innsbruck zum ao. Professor ernannt. Erst nach meiner Berufung von Innsbruck nach Salzburg im Jahr 1965 konnte ich auch wieder an den Dachstein denken. In den folgenden Jahren hat er dann eine ganz besondere Bedeutung in meinem Leben gewonnen. Das aber gehört einer späteren Phase meines Lebens an. Ich werde darauf später zurückkommen (Abschnitt XXVIII).

XVI. Das Jahr meiner Matura

Im Jahr meiner Matura, 1948, traf uns ein schwerer Schlag. Mein Vater, der am Mozarteum Klavier unterrichtete, erhielt von der Direktion einen kurzen Brief, in dem ihm mitgeteilt wurde, dass er nicht mehr weiterbestellt werde. Er hatte, wenn ich es richtig verstanden habe, jeweils nur einen Jahresvertrag. Nach dem Krieg waren die gleichen Personen in der Leitung des Mozarteums geblieben, die auch im Krieg die Leitung innehatten. Mein Vater hatte sich jedoch im Krieg an den NS-Aktivitäten am Mozarteum nicht beteiligt. Dadurch hatte er keinesfalls die Sympathie der leitenden Personen gewonnen. Als Staatenloser und in Sankt Petersburg Geborener konnte er auch nicht nach Wien zum Ministerium fahren, um gegen diese Entscheidung Einspruch zu erheben. Die Verantwortlichen des Mozarteums wussten genau, dass er gar nichts machen konnte. So war er also von einem Tag auf den anderen einkommenslos auf die Straße gesetzt worden. Für mich bedeutete das gerade nach meiner Matura, dass ich mir für ein Studium das Geld selbst verdienen musste. Mein Professor für »Darstellende Geometrie« in der Schule, Prof. Skala, meinte, ich solle unbedingt Architektur studieren, wozu ich mich auch hingezogen fühlte. Dazu hätte ich aber im Studienort, damals Graz oder Wien, auch wohnen müssen. Dies war jedoch finanziell ausgeschlossen. Das einzige Studium, das überhaupt finanziell infrage kam, war das Jurastudium, das damals, wie ich erfahren hatte, auch nebenberuflich von Salzburg aus möglich war. Zunächst hatte ich jedoch gehofft, für wenigstens ein Semester die Mittel durch Arbeit beim Kraftwerkbau im Kapruner Tal verdienen zu können. Ich hatte gehört, dass man dort auf den Hochbaustellen sehr gut verdienen könne. Ich wandte mich an den Pfarrer von Kaprun, um ihn zu fragen, was ich dafür unternehmen müsse.

Der Pfarrer von Kaprun erklärte es mir und versprach mir gleichzeitig, mich bei der Werksleitung zu empfehlen. Eines Morgens saß ich im Werkszug, der die Arbeiter von Bruck an der Glocknerstraße zum Kraftwerksbau Kaprun brachte. Die Werksleitung nahm mich freundlich auf und erklärte mir, dass ich mich auf meine Eignung für Hochbaustellen medizinisch untersuchen lassen müsse. Das Ergebnis war positiv und die Werksleitung wollte mich einstellen. Dann kam jedoch ein Veto der Gewerkschaft, die damals an dieser Baustelle völlig kommunistisch beherrscht war. Vermutlich hat die Empfehlung des Pfarrers die Gewerkschaft vermuten lassen, dass da ein katholischer Aktivist eingeschleust werden sollte. Jedenfalls scheiterte meine Einstellung an diesem Veto. Die Werksleitung hat mich dann ihrerseits zu einer Baustelle nach Hollersbach empfohlen. Das war jedoch eine Talbaustelle, bei der man nur einen Bruchteil dessen verdient hat, was man an den Hochbaustellen verdienen konnte. Immerhin bin ich dann nach Hollersbach gefahren, und zwar, weil lange kein anderer Zug gefahren wäre, in einem offenen Wagen in einem Güterzug. Es war ein strahlender Tag und ich sah von dem offenen Wagen in die Täler hinein, an denen wir vorbeifuhren, mit den prächtigen Gletschern am Ende der Täler.

In Hollersbach begrüßte mich ein sehr freundlicher Werksleiter, der mich gleich als Hilfsarbeiter einstellte. Es dauerte einige Zeit, bis ich mich an die schwere Arbeit gewöhnt hatte. Es waren täglich zehn Stunden Arbeitszeit, von 7 bis 12 und von 13 bis 18 Uhr. Am Vormittag gab es fünfzehn Minuten Pause für die »Brotzeit«. Das Mittag- und Abendessen gab es in einer Kantine. Die Verpflegung war für damalige Verhältnisse (1948) nicht schlecht, aber bei der schweren Arbeit, jedenfalls für mich, nicht ausreichend. Ich ging deswegen wiederholt noch nach der Arbeit auf den Berg, um Heidelbeeren zu pflücken und so etwas zusätzlich zu essen zu bekommen. Dazu konnte ich mir am »Schwarzmarkt« ein Kilo Zucker kaufen, wofür der Lohn von circa vier Stunden Arbeit zu bezahlen war. Zunächst war ich in einer Baracke in einem winzigen Raum mit Stockbetten für sechs Personen untergebracht. Der Geruch im winzigen Zimmer von den nassen Kleidern der Arbeiter, die zum Trocknen aufgehängt werden mussten – es hatte mehrere Tage in Strömen geregnet –, war fast unerträglich. Einige haben sich dann entschlossen, damals günstig erhältliche Privatzimmer zu zweit oder zu dritt zu mieten. Ich habe das dann auch getan.

An den Wochenenden ging ich auf die Berge um das Hollersbachtal. Ein nach Westen führendes Seitental führte zu einer interessanten Wand, die man durch eine durchgehende Rinne zum Grat durchklettern konnte. Auf dem Grat konnte man dann bequem zu einem schönen Gipfel hinaufgehen. Diese Rinne war jedoch die einzige durchgehende. Beim Grat oben begannen mehrere Rinnen, die aber alle in der Wand abbrachen. Dies führte mich einmal in eine höchst kritische Situation. Ich war bei schönem Wetter durch die Rinne auf den Grat geklettert. Dort war ich bereits ein größeres Stück des Weges zum Gipfel gegangen. Plötzlich brach dichter Nebel ein, sodass ich kaum etwas sehen konnte. Mir fuhr sofort der Schreck durch die Seele, wie ich nun meine Rinne finden könnte. Ich hatte keine Ahnung, wie weit ich inzwischen von der Rinne weggegangen war. Ich ging ein gutes Stück zurück und versuchte dann, bei einer der Rinnen zu sehen, ob vielleicht diese die richtige sei. Ich merkte bald, dass ich keine Tritte und Griffe mehr finden konnte. Die Rinne brach offenbar ab. Ich kletterte wieder hinauf auf den Grat und versuchte es bei der nächsten Rinne. Aber auch da kam ich nicht weiter. Da ergriff mich Panik, denn mir war klar, dass ich für eine Nacht auf dem Grat nicht ausgerüstet war und, wenn ich den Weg nicht hinunterfinden, oben erfrieren würde. Aber so plötzlich, wie der Nebel gekommen war, verschwand er auch wieder und ich konnte sofort sehen, wo die richtige Rinne war. Ich habe dann gleich oben auf dem Grat den Einstieg in diese Rinne mit einem Steinmännchen markiert, damit ich ihn auch bei Nebel wiederfinden könnte.

Als ich einmal wieder zu der Wand kam, bemerkte ich von unten nicht sehr hoch über mir, wie mir schien, ein Büschel Edelweiß. Bei genauerem Betrachten sah ich jedoch, dass es *ein* ganz außergewöhnlich großes Edelweiß war. Es dürfte vielleicht etwa zehn Meter über dem Wandfuß gestanden sein. Mich ergriff ein Fieber. Ich hoffte, dass ich durch die genannte Rinne auf diese Höhe klettern und dann zu dem Edelweiß irgendwie queren könnte. Aber von der Rinne aus konnte ich es nicht mehr sehen. Ich habe es dann geschafft, vom Wandfuß aus einen Stein an einer Schnur so hinaufzuwerfen, dass der Standort des Edelweißes durch die Schnur gekennzeichnet war. Hierauf konnte ich aus der Rinne auf einem Band in die Nähe des Standortes des Edelweißes gelangen. Das Band war jedoch vor dem Standort des Edelweißes durch eine Rinne unterbrochen, die ich nicht überqueren konnte. Aber nun sah ich das Edelweiß aus der Nähe. Es war so groß, wie ich bis dahin und auch seither noch nie eines gesehen hatte. Aber es war unmöglich, es direkt zu erreichen. Ich hatte jedoch einen Hammer mit, den man beim Suchen von Mineralien braucht. Mir kam die Idee, den Schaft des Hammers abzuschneiden und ihn in vier Teile zu teilen, diese zu einer Stange zusammenzubinden, dann mein Taschenmesser an das Ende der Stange zu binden, mit dem ich das Edelweiß abschneiden und mit einer Schlinge am Ende der Stange, die ich zuziehen konnte, einfangen konnte. Diese ganze Operation nahm nach meiner Erinnerung etwa zwei bis drei Stunden in Anspruch, und ich machte alles auf dem schmalen Band, in der Wand stehend. Mit dieser Stange gelang es mir tatsächlich, das Edelweiß zu bekommen. Es war handtellergroß. Meine Freude war unbeschreiblich. Ich kletterte auf dem Band zu der Rinne zurück und dann hinunter zum Wandfuß. Vom Wandfuß führte ein grasbewachsener Schotterkegel hinunter, der über einer senkrechten Wand endete, unterhalb welcher ein mit großen Steinblöcken gefüllter Bach floss. Ich beging beim Abstieg am Ende jedoch den um ein Haar tödlichen Fehler, aus der Rinne auf den Schotterkegel hinunterzuspringen. Das Gras war nass und ich rutschte sofort aus und konnte mich bei allen Bemühungen nicht halten. Ich rutschte auf das Ende des Schotterkegels zu und mir war blitzartig klar, dass der Sturz über die Wand in den

Bach nur tödlich ausgehen konnte. Nur wenige Meter vor der Kante der Wand fuhr ich jedoch auf einen aus dem Gras herausragenden Stein auf und kam zum Stehen. Im erfolglosen Bemühen, mich mit den Händen im Gras einzukrallen, hatte ich jedoch das Edelweiß, das ich in der Hand gehalten hatte, zerrieben. Dies ließ mich damals zunächst in Tränen ausbrechen. Es war mir im Moment noch nicht klar genug, dass das Auffahren auf den Stein mir das Leben gerettet hatte, das mich das Edelweiß sonst wohl gekostet hätte. Dass Gottes Güte es damals so fügte, dass mein Schutzengel mich auf den einzigen in der Umgebung erkennbaren Stein vor dem Abgrund auffahren ließ, ist mir erst allmählich zum Bewusstsein gekommen. Ich war allein. Wenn ich dort in den mit Steinblöcken gefüllten Bach gestürzt wäre, hätte mich wohl auch niemand finden können. Ich kann daher mein Leben lang Gott nur für diese und für viele andere Rettungen aus unmittelbarer Lebensgefahr danken.

Ich habe im Laufe der fast drei Monate, die ich dort arbeitete, alle möglichen Arbeiten am Bau verrichtet, so zum Beispiel händisch, also ohne einen Betonmischer, mit der Schaufel Beton gemischt, den Materialaufzug bedient und Dachziegel geschupft für das Dachdecken, wobei ich nicht bemerkte, dass die an sich glatten und angenehm zu haltenden Dachziegel mir mit der Zeit die Fingerkuppen bis auf das Fleisch abschliffen. Ich hatte leider keine Handschuhe für diese Arbeit getragen. Die zunächst schwerste Arbeit war, einen Graben für eine Wasserleitung im sehr steinigen Boden auszuheben. Schließlich, und das war auch die wirklich schwerste Arbeit, die Mitarbeit am Ausheben des vier Meter tiefen Grabens für das Abflussrohr vom Kraftwerk zur Salzach durch den Schotterkegel des Hollersbachs. Dieser Schotterkegel war durchsetzt mit großen Steinblöcken, die, bevor man sie händisch herausheben konnte, händisch mit einem Vorschlaghammer zerkleinert werden mussten. Baumaschinen gab es damals praktisch keine. Man musste mit einem schweren Hammer oft länger auf einen Steinblock einschlagen, bis er in Teile zerbrach, die man, je tiefer der Graben wurde, über aus Brettern errichteten Zwischenstufen hinausheben konnte. Diese Arbeit hat mir aber auch enorme Kräfte gegeben, wie ich sie später nie mehr hatte. Sie hat aber auch leider meine »Karriere« als Hilfsarbeiter beendet. Bei dieser Arbeit flog mir nämlich einmal ein scharfer Splitter eines Steines an das rechte Schienbein und hat mich so verletzt, dass sich eine Beinhautentzündung daraus entwickelte, die mir dann die weitere Arbeit unmöglich machte. Ich hatte aber bis dahin immerhin so viel Lohn zusammensparen können, dass ich dachte, damit ein Semester in Innsbruck studieren zu können.

Als ich jedoch zu unserer Wohnung in der Elisabethstraße 15 kam, traf ich vor der Wohnungstür mit einem Exekutionsbeamten zusammen, der gerade gegen meinen Vater eine Exekution durchführen musste. Mein Vater hatte im Frühjahr ein Konzert gegeben, das sehr schlecht besucht war. Durch den Verlust seiner Stelle am Mozarteum war er dann nicht in der Lage gewesen, die Rechnungen für Saalmiete und Plakatierung zu bezahlen. Offenbar hatte er auch die Ladung zur Ersten Tagsatzung[3] bei Gericht ignoriert, sodass es zu einem Versäumnisur-

---

[3] Die »vorbereitende Tagsatzung« (früher: »Erste Tagsatzung«) im Zivilprozess ist der erste Verhandlungstermin, bei dem festgestellt wird, ob es überhaupt zu einem Sachstreit zwischen den Parteien kommt. Ein Nichterscheinen führt zu einem Versäumungsurteil.

teil kommen konnte, das dann gleich die Exekution nach sich zog. Kurzum, meine Ersparnisse reichten genau dafür aus, die offenen Schulden zu begleichen. Damit war zunächst der Gedanke an ein Studium aufzugeben. Ich musste einen Beruf ergreifen, um meine Eltern versorgen zu können.

In dieser Lage ergab es sich, dass gerade der damalige Diözesanjugendführer Herbert Glaser einen Nachfolger suchte, weil er selbst sein Studium fortsetzen wollte. Und so kam es zur Idee, dass ich diese Aufgabe übernehmen könnte. Wie die einzelnen Schritte auf dem Wege zu meiner Ernennung aussahen, weiß ich nicht mehr. Ich erinnere mich jedoch, dass damals die Dekanatsjugendführer der Erzdiözese Salzburg in *Maria Plain* tagten. Diese wählten mich, wie mir gesagt wurde, auf Vorschlag von Herbert Glaser einstimmig zum Diözesanjugendführer. Die daraus folgende Einstellung in den kirchlichen Dienst hatte mit Zustimmung von Erzbischof Rohracher der damalige Leiter des Seelsorgeamtes vorzunehmen. Leiter dieses Amtes war damals Domkapitular Simmerstätter. Diözesanjugendseelsorger war Bruno Regner.

XVII. Die Jahre als Diözesanjugendführer

Meine Ernennung zum Diözesanjugendführer erfolgte Ende September 1948. Ich stand sofort vor einer anspruchsvollen Aufgabe. Für das Ende Oktober stattfindende Christkönigsfest war ein Fackelzug aller Gruppen des Flachgaues, vielleicht auch des Tennengaues, vom Hauptbahnhof zum Domplatz vorzubereiten. Ich musste mich also gleich voll in die Arbeit stürzen. Ein solcher Fackelzug erforderte eine Fülle organisatorischer Vorbereitungen. Vor allem waren die behördliche Anmeldung und die Absprache mit der Polizei erforderlich. Dabei war die Festlegung des Weges mit der Polizei im Hinblick auf die Folgen für den Straßenverkehr ein besonders wichtiger Punkt. Auch die Zustimmung der amerikanischen Besatzungsmacht musste eingeholt werden. Dabei ergab sich, dass sich die amerikanische Besatzungsmacht selbst für den Fackelzug interessierte. Wir wurden verständigt, dass sie bereit seien, über der Stadt von einem Flugzeug aus Flugzettel abzuwerfen. Wir nahmen das Angebot freudig an. Ich kann mich an die Zahl der Flugzettel nicht mehr erinnern, die damals gedruckt werden mussten, aber es waren sehr viele, jedenfalls mehrere Tausend. Die Zusammenarbeit mit der Salzburger Druckerei wurde damals sehr positiv aktiviert und hat sich während meiner Zeit als Diözesanjugendführer bis Ende 1950 sehr intensiviert. Der Abwurf der Flugzettel erregte damals natürlich erhebliches Aufsehen und machte den Fackelzug allgemein bekannt. Trotzdem mussten auch Plakate gedruckt werden. Wegen der verhältnismäßig kurzen Vorbereitungszeit musste das alles sehr schnell gehen. Alle betroffenen Pfarren mussten eigens eingeladen werden. Besonders wichtig war die Besprechung mit den Ordnern, um einen geordneten Ablauf des Fackelzuges sicherzustellen. Zahlreiche weitere Einzelheiten mussten vorbereitet werden, wie eine Tribüne vor dem Dom, Lautsprecher für den Domplatz bis hin zu den von der Feuerpolizei vorgeschriebenen Wasserkübeln auf dem Domplatz für das Löschen der Fackeln am Ende der Feier.

Der Marsch vom Bahnhof zum Domplatz mit den Fackeln durch die Stadt war durch die große Zahl der Teilnehmer und der Fahnen, die von den Jugendgruppen mitgetragen wurden, sehr beeindruckend. Der Domplatz füllte sich zu einem Lichtermeer. Die Zahl der Teilnehmer ist mir nicht sicher in Erinnerung, aber, soweit ich mich erinnere, war die von der Polizei ermittelte Zahl rund 4000 Jugendliche. Jedenfalls war der Domplatz bis hinter die Mariensäule gefüllt. Für mich kam damals die erste Verpflichtung und Gelegenheit zu einer öffentlichen Rede vor einer solch großen Versammlung. Ich erinnere mich noch, dass ich, trotz der großen Zahl der Teilnehmer von dem Schriftwort ausging: »Fürchte dich nicht, du kleine Herde« (Luk 12,32), mit der Fortsetzung: »es hat eurem Vater gefallen, euch das Reich zu geben«.

Auf diese erste Großveranstaltung in meiner Zeit als Diözesanjugendführer folgte jedoch rasch eine noch größere, das Domfest und der Diözesanjugendtag am 26. Mai 1949. Den Anlass bot die Kreuzaufsteckung auf der wieder hergestellten Kuppel des Domes von Salzburg, die beim ersten Bombenangriff auf Salzburg am 16. Oktober 1944 zerstört worden war. Zu diesem Jugendtag war die gesamte Katholische Jugend der Erzdiözese Salzburg einschließlich des Tiroler Anteiles eingeladen. Mehrere Sonderzüge aus Jenbach (ab 3.10 Uhr), Saalfelden (ab 5.40 Uhr), Kufstein (ab 3.20 Uhr mit Anschluss in Wörgl an den Zug von Jenbach) und viele andere wurden eingesetzt. Der Festzug der Katholischen Jugend vom Hauptbahnhof zum Domplatz begann um 8.30 Uhr und er war sehr lang, mit vielen Fahnen und Musikkapellen aus der ganzen Diözese. Um 10 Uhr fand auf dem Domplatz die Weihe des Kuppelkreuzes im Rahmen des Festgottesdienstes statt. An die Zahl der Jugendlichen kann ich mich nicht mehr genau erinnern, es war nach meiner Erinnerung von über 10 000 die Rede. Der Domplatz war jedenfalls voll gefüllt, dazu das bunte Bild der zahlreichen Fahnen der Jugendgruppen um den Altar vor dem Dom. Nach der hl. Messe hatte auch ich eine kurze Ansprache an die Jugend zu halten. Ich glaubte, damals nicht umhin zu können, auf ein Problem einzugehen, das bei dem Wiederaufbau der Domkuppel entstanden war. Das Problem war darin begründet, dass durch die Trommel der Domkuppel eine Wendeltreppe zur Laterne eingefügt werden musste. Dies brachte es mit sich, dass die Mauer der Trommel auf einer Seite dicker sein musste. Dies wieder hatte die weitere Folge, dass die Laterne der Kuppel nicht genau zentriert sein konnte. Der ursprüngliche Dombaumeister Santino Solari hatte diesen unvermeidlichen Mangel der Zentrierung der Laterne in das Innere der Kuppel verlegt, aus der Überlegung heraus, dass man das innen nicht sehen könnte. Und man hatte es auch nicht sehen können. Der moderne Dombaumeister wollte perfekter sein und die Laterne in der Innenansicht der Kuppel absolut zentriert machen. Er meinte, nach seiner Zeichnung der Kuppel würde es außen nur um die Dicke eines Bleistiftstriches gehen, was man nicht sehen könnte. Als jedoch das Dach der Kuppel fertig war, stellte sich heraus, dass der angebliche Bleistiftstrich eine dicke Ausbuchtung der Kuppel nach Westen bedeutete, die von Weitem erkennen ließ, dass die Laterne nicht zentriert war. Es musste dann der neue Dachstuhl wieder teilweise abgetragen werden, um den Fehler etwas abzumildern. Bei einer Betrachtung der Kuppel vom Süden oder vom Norden kann jeder heute noch sehen, dass die Laterne nicht zentriert ist. Dieser Fehler ließ sich nicht mehr beheben. Ich glaubte, damals sagen zu müssen, dass dies eine Folge der auch sonst sehr verbreiteten Meinung sei, alles besser zu wissen. Sie straft sich hier sichtbar selbst. Diese Äußerung hat jedoch nicht gefallen. Ich musste mich bei Erzbischof Rohracher dafür entschuldigen. Er bestand jedoch nicht darauf, dass ich mich auch beim Dombaumeister entschuldigte. Wir vereinbarten vielmehr, dass ich dem Erzbischof künftig Texte wichtiger Ansprachen vorher vorlege.

Die weiteren Einzelheiten bis zu meinem Rücktritt Ende 1950 darzustellen, würde für sich ein Buch erfordern. Ich kann nur noch einige Dinge erwähnen, die eine Vorstellung von der Vielfalt der Aufgaben vermitteln können. Zu meinen wichtigsten Aufgaben gehörte die Förderung der Entwicklung der pfarrlichen Jugendgruppen und gemeinsam mit dem Diözesanjugendseelsorger die Betreuung der Dekanatsjugendführer der zwanzig Dekanate der Erzdiözese Salzburg und der Jugendführer der heute etwa 220 Pfarreien. Dies geschah in der Regel im Rahmen von Versammlungen der Jugendführer eines Dekanates oder im Rahmen von Tagungen, die im Jugendheim der Erzdiözese am Obertauern stattfanden und als »Tauernkurse« sechs Tage lang dauerten. Dazu kamen notwendige Besuche der jeweiligen Pfarrer, die teils sehr unterschiedliche Einstellungen zur Jugendarbeit hatten. Besucht werden mussten vor allem jene Pfarrer, bei denen es Schwierigkeiten mit der Jugendarbeit gab. Bei diesen Gesprächen mit Pfarrseelsorgern boten sich mir teilweise erschütternde Einblicke in die Schwierigkeiten, vor denen ein in einer Landpfarre einsamer Pfarrer selbst stehen konnte.

Ein wichtiges und für mein Leben unerwartet entscheidendes Ereignis war eine internationale Jugendwoche in

Köln im Sommer 1950, zu der auch von Salzburg eine verhältnismäßig große Delegation fahren konnte, an der auch der Diözesanjugendseelsorger Bruno Regner teilnahm. Diese Teilnahme in Köln hat auch zu einem Gegenbesuch der Jugendführung mit Jugendlichen aus Köln geführt. Für mich hatte sie zur Folge, dass ich das Kloster *Maria Laach* kennenlernte. In der Kirche vor dem Apsis-Mosaik mit Christus, der auf einer Tafel auf die Worte zeigt: *Ego sum via veritas et vita* (»Ich bin der Weg, die Wahrheit und das Leben«), erlebte ich eine innere Bewegung, die mich dazu führte, den Entschluss zu fassen: Ich will Gottes Willen suchen und tun, koste es, was es wolle.

In der Zusammenarbeit mit dem Diözesanjugendseelsorger Bruno Regner trat jedoch mit der Zeit die Schwierigkeit auf, dass ein Dissens in Grundsatzfragen zunehmend deutlich wurde. Ich konnte die Ursachen für diesen Dissens damals nicht richtig lokalisieren. Später, als die modernistischen Tendenzen nach dem Konzil manifest wurden, war mir klar, dass diese sich bereits damals ankündigten. Die enormen Schwierigkeiten, mit denen ich in dieser Zeit in vielfältiger Hinsicht konfrontiert war, haben mich selbst in eine tiefe Krise und an den Rand der Verzweiflung geführt.

In diese Zeit fiel jedoch ein Ereignis, das für mein ganzes Leben von entscheidender Bedeutung werden sollte. Als Diözesanjugendführer war ich Mitglied des damaligen Diözesanrates. Bei einer Sitzung hatte mich Dr. Eduard Seifert um Auskunft über eine Frage der Katholischen Arbeiterjugend gebeten. Um ihm diese Auskunft geben zu können, gab er mir seine Adresse. Ich wollte sie in mein Dienstnotizbuch eintragen. Als ich es herausnehmen wollte, stellte ich fest, dass ich nicht das Dienstnotizbuch in der Tasche hatte, sondern eines, in das ich bei Exerzitien, die ich kurz vorher gemacht hatte, sehr persönliche Gedanken niedergeschrieben hatte. Ich schrieb also seine Adresse in dieses Notizbuch. Bald danach verlor ich dieses Notizbuch bei einer Tour auf den Untersberg. Als ich zu Hause feststellen musste, dass ich es verloren hatte, rief ich im Zeppezauerhaus auf dem Untersberg an, um nachzufragen, ob vielleicht ein Notizbuch gefunden wurde. Der Hüttenwirt sagte ja, es sei eines gefunden worden und es werde an die Adresse gesandt, die darin stehe. Ich fragte mich, welche Adresse denn in dem Buch gestanden sein könnte, bis mir die Frage von Dr. Eduard Seifert einfiel. Ich rief ihn in meiner Nervosität gleich an und fragte, ob ihm ein Notizbuch zugesandt wurde. Er verneinte. An den folgenden Tagen rief ich immer wieder an, aber es war und war nicht gekommen. Aber schließlich fragte Dr. Seifert mich, ob ich ihn nicht in seinem Büro besuchen möchte (er war damals Bundestaatlicher Volksbildungsreferent). Wir könnten dann die Frage gleich besprechen, die er an mich gerichtet hatte. Ich sagte gerne zu und besuchte ihn gleich. Bei dem Gespräch stellte sich heraus, dass wir in den kirchlichen Fragen völlig einer Meinung waren und dass er auch die Ursachen für die Schwierigkeiten kannte, mit denen ich es zu tun hatte. Aus diesem sehr guten Gespräch folgte eine Einladung zum Tee in seine Wohnung, damals im Dossenhof in Morzg, weil das Haus in der Arenbergstraße 19 durch Bomben zerstört worden war. Das war im November 1949. Inzwischen kam das Notizbuch bei mir an. Der Finder, ein Führer der Katholischen Jugend in Graz, hatte aus dem Inhalt auf den Autor geschlossen und mir gestanden, dass er, als er hineingeschaut hatte, nicht widerstehen konnte, weiterzulesen und durch den Inhalt sehr bereichert worden sei. Durch die daraus resultierende Verzögerung der Rücksendung war der unerwartete Kontakt mit Dr. Seifert zustandegekommen und daraus folgend die Einladung nach Morzg.

Als ich an dem trüben Novembertag, an dem ich zum Tee eingeladen war, beim Dossenhof läutete, öffnete eine junge Frau die Tür, die dann nachher auch beim Tee mit dabei war. Ich hatte als Jugendführer inzwischen viele, auch attraktive junge Frauen gesehen. Aber diese junge Frau vor mir wirkte auf mich wie ein Wesen aus einer anderen Welt, etwas Engelhaftes, das ich so noch nie gesehen hatte und von dem ich dachte, dass es für mich völlig unerreichbar sei. Wir sahen uns nur dieses eine Mal, aber es hinterließ in mir einen tiefen Eindruck in einer damals reichlich wirren Situation. Auf die Folgen dieser Begegnung komme ich noch zurück.

Inzwischen hatte das oben erwähnte Gespräch mit Dr. Seifert die für mein weiteres Leben wichtige Wirkung, dass ich danach den damaligen Sekretär der Katholischen Aktion, Dr. Ernst Wenisch, noch näher kennenlernte und mit ihm über meine Schwierigkeiten offen sprechen konnte. Ich erinnere mich noch genau an ein für mich entscheidend wichtiges Gespräch, bei dem wir im Konsistorialsaal (in dem sich das Domkapitel versammelt) saßen und Dr. Ernst Wenisch mir angespannt zuhörte, als ich ihm etwas über meine Beurteilung der kirchlichen Lage sagte und damit auch meine innere Einstellung offenbarte. Dies führte dazu, dass mir Ende 1950 die Stelle des Sekretärs des Katholischen Bildungswerkes in Salzburg angeboten wurde. Ich bin daraufhin als Diözesanjugendfüh-

rer zurückgetreten und habe am 1. Januar 1951 diese neue
Aufgabe übernommen.

XVIII. Die Jahre als Sekretär des Katholischen
Bildungswerkes und das Studium

Mit der Ernennung zum Sekretär des Katholischen Bildungswerkes wurde mir eine Aufgabe übertragen, die
zwar weniger hektisch war als die vorherige, aber nicht
weniger anspruchsvoll. Ich war für die Förderung der katholischen Bildungsarbeit nicht nur in der Stadt Salzburg,
sondern in der ganzen Diözese verantwortlich. Das bedeutete vor allem das Organisieren von Vorträgen und
Tagungen. Allerdings stand für die Einladung bedeuten-
der Referenten nur ein sehr geringes Budget zur Verfügung. Manche Referenten, die mir wichtig erschienen,
stellten so hohe Honorarforderungen, dass die Einladungen nicht realisiert werden konnten. Die Bescheidenheit
anderer hochrangiger Referenten machte es jedoch möglich, sehr bedeutende Vorträge in der Stadt Salzburg zu
veranstalten. Für die Veranstaltungen in den Pfarren
mussten diese selbst die Mittel bereitstellen.

In dieses erste Jahr meiner Arbeit im Katholischen Bildungswerk fielen Ereignisse, die mein weiteres Leben bestimmen sollten. Im Juni 1951 bot mir die Familie Seifert
an, bei ihnen im Dossenhof Urlaub zu machen. In dieser
Zeit kam auch die junge Frau, Marie Theresa Froelicher
(kurz: Esi), die ich im November 1949 dort gesehen hatte, aus den USA in das Haus. Wir hatten seit dem einen
Treffen im November 1949 keinerlei Kontakt miteinander. Als ich sie wiedersah, war ich tief getroffen. Wir hat-

ten dann natürlich Gelegenheit, miteinander zu sprechen und auch Wanderungen in den Morzger Wald und schließlich sogar auf den Untersberg zu machen, mit dem Ergebnis, dass wir uns am 28. Juni 1951 in der Morzger Kirche verlobten, zehn Tage nach ihrer Ankunft in Salzburg. Am 5. Januar 1952 durften wir in den USA in ihrem Geburtsort Ridgewood, New Jersey, das Sakrament der Ehe empfangen. Einer unserer Trauzeugen war Dietrich von Hildebrand, der uns neben den reichen Schätzen seiner Philosophie besonders sein wunderbares Büchlein *Die Ehe* mit auf den Weg gegeben hat. In seiner Tischrede hat er uns das Programm einer Ehe auf der Grundlage der Liebe Christi ins Herz geschrieben. Dazu ließ uns Papst Pius XII. durch den Substituten Montini (den späteren Papst Paul VI.) ein Telegramm mit seinen besonderen Segenswünschen zukommen. Auf unserer Hochzeitsreise hatten wir noch die besondere Gnade, bei einer Spezialaudienz für Neuvermählte den persönlichen Segen von Papst Pius XII. empfangen zu dürfen, den er nach dem allgemeinen Segen für jedes Ehepaar noch ganz persönlich wiederholte, mit der Versicherung seines besonderen Segens für eine christliche Ehe.

Ich will hier doch gleich, das heißt jetzt, am 26. Juni 2013, sagen, dass wir nun Gott danken dürfen für 61 Jahre einer Ehe, in der wir uns bemüht haben, den erhaltenen Gnaden und Hilfen entsprechend zu leben. Trotz unserer Armseligkeit und Gebrechlichkeit dürfen wir bezeugen, dass eine im Vollsinne christliche Ehe auch das größte Glück bedeutet, das in aller menschlichen Schwäche möglich ist. Ich möchte ganz besonders und aus tiefster Seele dafür danken, dass Papst Paul VI., der uns als Substitut Montini die Segenswünsche von Papst Pius XII.

zu unserer Hochzeit übermittelt hatte, dem Druck der vermeintlichen »Befreier« standgehalten und mit der Enzyklika *Humanae Vitae* die Wahrheit verkündet hat, die wirklich frei macht, und dass Papst Johannes Paul II. diese Wahrheit mit dem Apostolischen Schreiben *Familiaris Consortio* bekräftigt hat. Ich kann nur wünschen, den Menschen, die meinten, diese Lehre nicht annehmen zu können, die Erfahrung vermitteln zu können, welches Geschenk diese Lehre für die Ehe ist und welch tiefes und dauerhaftes Glück aus ihrer Befolgung erwächst. Das sollten auch die Bischöfe wissen, die glaubten, den Gläubigen einen leichteren Weg eröffnen zu müssen. Ein Bischof, der dies inzwischen verstanden hat, schrieb mir im Juni 2008: »Die Tragödie des europäischen Episkopats nach 1968 war die de-facto-Leugnung von *Humanae Vitae*. Das sehe ich heute klar und unerbittlich. … Die Tragödie des Ungehorsams gegen *HV* ist ein bitteres Kapitel Schuldgeschichte. Aber die Gnade wird sich von reumütigen Herzen nicht abwenden« (Unterstreichungen im Original). Ich kann nur hoffen und beten, dass diese Einsicht allmählich zu der nötigen Umkehr führt und zur endlichen Rücknahme tragischer Erklärungen von Bischofskonferenzen.

Bei der Arbeit im Bildungswerk konnte ich nicht vergessen, dass ich im Herbst 1948 nicht mit dem geplanten Studium der Rechtswissenschaft in Innsbruck beginnen konnte, weil die finanziellen Voraussetzungen dafür fehlten. Den Gedanken an das Studium selbst wollte ich deswegen nicht aufgeben. Daher versuchte ich, mit Zustimmung meiner Vorgesetzten einen Weg zu finden, das Studium neben der Arbeit zu beginnen. Ich inskribierte in Innsbruck für Rechtswissenschaft. Zur Vorbereitung auf die erste Staatsprüfung in Innsbruck konnte ich bei einem Rechtsanwalt in Salzburg einen Abendkurs besuchen, an dem mehrere Studenten teilnahmen, die neben dem Beruf in Innsbruck Rechtswissenschaft studieren wollten. Schließlich bekam ich im Sommer 1953 einen Monat Studienurlaub zur direkten Vorbereitung auf die Erste Staatsprüfung, die ich Ende Juli wegen der extrem kurzen Vorbereitungszeit für enorm umfangreiche Prüfungsfächer (Römisches Recht, Kirchenrecht, Deutsche Rechtsgeschichte, Österreichische Verfassungs- und Verwaltungsgeschichte) zu meiner großen Überraschung bestanden habe. Dieses positive Erlebnis gab mir einen starken Auftrieb zur Fortsetzung des Studiums. Dieses war jedoch neben einer vollen Berufsarbeit im damaligen sogenannten Judiziellen (zweiten) Studienabschnitt, der drei Semester dauerte, nicht mehr so leicht möglich. Die daraus resultierenden Belastungen erkannten auch meine Schwiegereltern als gefährlich. Im September 1953 wurde unser erstes Kind geboren. Damit wuchsen auch die Anforderungen der Familie. Ich kann meinen Schwiegereltern daher nicht dankbar genug dafür sein, dass sie es mir ermöglichten, in der letzten Phase des Studiums das Berufsleben aufzugeben und mich ganz auf das Studium zu konzentrieren. Dies bedeutete während des Semesters jedoch die Abwesenheit von Salzburg von Sonntagnachmittag bis Samstagmittag. Damals gab es noch nicht die Korridorzüge über Rosenheim. Ich musste die ganze Strecke über Zell am See fahren, was je nach Qualität des Zuges Fahrzeiten von dreieinhalb bis viereinhalb Stunden bedeutete. Es war keine leichte Zeit. Am 12. September 1956 wurde unser drittes Kind, Franziska, geboren. Am 13. Dezember 1956 konnte ich schließlich die letzte Prüfung bestehen und noch vor Weihnachten zum Dr. jur. promoviert werden. Dabei hatte mir Gottes Güte bei dieser Prüfung offenbar besonders geholfen. Sie hieß damals »Romanum«, weil das Römische Recht in dieser letzten Prüfung des Studiums der Rechtswissenschaft eine Hauptrolle spielte. Der Professor für Römisches Recht, Arnold Herdlitczka, war als Prüfer sehr gefürchtet. In der vorweihnachtlichen Stimmung begann er jedoch die Prüfung mit der Frage, wofür ich mich im Studium besonders interessiert habe. Daraufhin konnte ich sofort angeben, dass mich das besonders interessiert hat, was der römische Jurist Ulpian im ersten Fragment der *Digesten* als die Aufgabe der Rechtswissenschaft bezeichnete, nämlich das Bemühen um Gerechtigkeit, wozu das »Naturrecht« gehört. Diese meine Feststellung führte dazu, dass die Prüfung mehr den Charakter eines kollegialen Gespräches annahm. Die weitere Folge war, dass mir Prof. Herdlitczka knapp einen Monat später die Habilitation im Römischen Recht anbot. Dieses Angebot habe ich beglückt und dankbar angenommen.

Im Januar 1957 durften wir mit den Kindern nach USA zu meinen Schwiegereltern fahren. Die Fahrt ging damals mit der *Queen Elisabeth* in äußerst stürmischer See über den Ozean nach New York. Wie berichtet wurde, hatten wir bis zu zwölf Meter hohe Wellen, die selbst das riesige Schiff gewaltig herumwarfen. Esi und die älteren Kinder Marguerite und Michael waren sehr seekrank. Nur das jüngste Kind, Franziska, das in einem Korb lag, genoss offenbar das Schaukeln. Wir kamen in New York wegen des Sturmes mit einem Tag Verspätung an. Dadurch hatte ich mich schon für die erste Vorlesung an der *Fordham University* verspätet. Ich hatte nämlich damals die

Möglichkeit, in New York noch ein Semester Philosphie bei Dietrich von Hildebrand und Balduin Schwarz zu studieren. Dieses Semester war für mich von größter Bedeutung. Vor allem die Erkenntnistheorie, die von Hildebrand lehrte, beruhte auf den bereits von der antiken griechischen Philosophie gewonnenen Erkenntnissen, die auch die römische Rechtswissenschaft seit dem 2. Jahrhundert v. Chr. geprägt haben. Die römischen Juristen wurden dadurch befähigt, ein Recht zu entwickeln, das bis heute die Grundlage praktisch aller europäischen Rechtsordnungen bildet.

Nach unserer Rückkehr konkretisierte sich das Angebot der Habilitation dadurch, dass Prof. Herdliczka mir einen Assistentenposten am »Institut für Römisches Recht« anbot. Er bestand jedoch darauf, dass jeder Jurist die Gerichtspraxis machen muss. Dies bedeutete, dass wir im Herbst 1957 von Salzburg nach Innsbruck übersiedeln mussten. In einem Kastenwagen fuhren wir am 13. November 1957 mit den drei Kindern Marguerite, Michael und Franziska und mit der am 7. September geborenen und somit erst zwei Monate alten, in einem Körbchen liegenden, Maria nach Innsbruck. Wir hatten durch großes Glück in Innsbruck bereits ein Haus in einer wunderbaren Lage in Mühlau gefunden, das aber noch von einem Mieter belegt war. Wir mussten deshalb einstweilen in eine für unsere Familie zu kleine Wohnung an der Universitätsbrücke am Inn einziehen. Dort waren die Kinder fast ununterbrochen krank. Die nasskalte Winterluft am Inn mag dazu beigetragen haben. Wir hatten jedoch durch Freunde eine wunderbare Kinderärztin gefunden, die geduldig immer kam, wenn wir sie riefen. Es gelang uns dann, mit dem Mieter im Haus eine Lösung zu finden, durch die wir das Haus frei bekamen. Das Haus musste aber noch renoviert werden, bevor wir im Mai 1958 dort einziehen konnten. Bevor ich meine Arbeit an der Universität beginnen konnte, musste ich die bis Herbst 1958 dauernde Gerichtspraxis[4] machen. Nach dem Ende der Gerichtspraxis wurde ich zunächst als wissenschaftliche Hilfskraft eingestellt. Die Ernennung zum Assistenten am »Institut für Römisches Recht« konnte nur durch das damalige Unterrichtsministerium erfolgen, weil ich dadurch in den Beamtenstatus kam. Die Erledigung des Antrages meines Lehrers auf Ernennung zum Assistenten brauchte geraume Zeit. Aber sie kam dann doch und damit begann meine wissenschaftliche Laufbahn. Mit dem Ernennungsdekret kam aber auch ein Vordienstzeiten-Anrechnungsbescheid, in dem die anrechenbaren Vordienstzeiten aufgelistet waren. Es hat mich besonders gefreut, dass der erste Posten »Hilfsarbeiter« lautete. Das war die Arbeit im Sommer 1948 beim Kraftwerksbau in Hollersbach.

XIX. Die Bedeutung des Klosters Nonnberg für unser Leben.

Nach dem Krieg gewann neben *St. Peter* das Kloster Nonnberg große Bedeutung in Esis und meinem Leben. Esi hatte den Nonnberg bereits kennen und lieben gelernt, als sie im Sommer 1948 erstmals nach Salzburg kam. Meine erste Begegnung mit den Schwestern war nach meiner Erinnerung im Sommer 1945, als die Frau des

---

[4] Das juristische Praktikum wird in Österreich »Gerichtspraxis« genannt. Sie ist Voraussetzung für die Berufsausübung als Richter, Rechtsanwalt oder Notar (Anm. d. Verl.).

Bäckers Schmidhuber in Anthering, bei dem ich mich damals zur Hilfe in der Landwirtschaft aufhielt, mich bat, ein Leinentuch als Altartuch auf den Nonnberg zu bringen. Zur Mitternachtsmesse zu Weihnachten waren Esi und ich, wie ich glaube, bereits 1952 von unserem Haus in Parsch aus auf den Nonnberg gegangen. Besonders wichtig wurde der Nonnberg für uns jedoch in den Wirren im Zusammenhang mit der Liturgiereform. Das Choralamt auf dem Nonnberg, bei dem ich ministrieren durfte, bot liturgische Heimat. Jahrelang habe ich fast täglich Kanonikus Schwarzenbacher am Nonnberg ministriert. Es kam dann später sogar dazu, dass ich wiederholt am Karfreitag neben unserem Schwiegersohn Franz Comploi als Evangelist in der Johannespassion die Rolle von Christus singen durfte.

Als Ministrant habe ich jedoch am Nonnberg ein erstes erschreckendes Erlebnis gehabt, als ein Benediktinerpater, nach meiner Erinnerung aus Beuron, der als Exerzitienleiter eingeladen war, in die Sakristei kam. Er sah, dass die Texte für die hl. Messe in Latein vorbereitet waren. Er war empört darüber und sagte, er werde mit der Äbtissin »deutsch reden«. Die Äbtissin musste gerufen werden. Er erklärte dann, dass für ihn eine lateinische Messe nicht infrage komme, entweder in Deutsch oder er gehe wieder. Die verschreckte Äbtissin gab nach. Ich überlegte mir, was ich an ihrer Stelle gesagt hätte. Ich hätte ihn gehen lassen. Damit waren die lateinischen Messen auf dem Nonnberg Vergangenheit. Ein anderer Exerzitienleiter, der Altabt von Melk, setzte es noch im Jahr 2009 trotz allem, was Papst Benedikt XVI. zum Problem des »Volksaltars« gesagt hatte, durch, dass unter den ohnedies beengten Verhältnissen im Chorraum zwischen dem

Altar und dem Kommuniongitter direkt an der Altarstufe ein »Volksaltar« aufgestellt wurde: Ein Tisch, der den Priester in unbequemer Position zwingt, mit dem Rücken zum Tabernakel und somit zum Allerheiligsten, auf dem Altar zu zelebrieren. Es ist überaus schmerzlich zu sehen, was ein Exerzitienleiter anrichten kann, der seine Ideologie durchsetzen will. Dies löste auch nicht geringe Leiden für viele Schwestern aus, die bisher (Juni 2013) nicht behoben werden konnten. Priester, die lieber am Altar zelebrieren, dürfen dies noch. So können wir besonders dann, wenn P. Theodor Köhler die hl. Messe feiert, an dieser teilnehmen.

XX. Die Zeit an der Universität Innsbruck

Als ich im Herbst 1958 zum Dienstantritt an die Universität in Innsbruck kam, erschien mir die bevorstehende Aufgabe wie ein unbezwingbarer Berg. Ich sollte mich jetzt für ein wissenschaftliches Fach habilitieren!? Die Größe der Aufgabe erdrückte mich fast. Aber, nun hatte ich diesen Weg begonnen, also musste ich jetzt sehen, wie ich Schritt für Schritt mit Gottes Hilfe weiterkäme. Ich hatte ja beim Bergsteigen die Erfahrung gemacht, dass man auch bei einem Berg, der schwer besteigbar erscheint, nur Schritt für Schritt vorwärts und schließlich auch ans Ziel kommt.

Ich war damals zunächst der einzige Assistent am Institut, ohne eine Sekretärin. Ich musste daher alle anfallenden Arbeiten, vor allem die Betreuung der Bibliothek mit den laufenden Bestellungen neuer Bücher, ferner den Parteienverkehr mit den Studenten, die mit allen möglichen Fragen betreffend Studium und Prüfungen kamen, und vieles mehr allein bewältigen.

Ein drängendes Problem war für mich das Thema für meine Habilitationsschrift. Ein anderer Professor an der Fakultät, Erich Sachers, der neben dem modernen Zivilprozessrecht auch Römisches Recht lehrte, empfahl mir ein Thema, von dem er meinte, dass es sehr günstig wäre, nämlich die Frage nach der Gerichtsbarkeit des Römischen Senates. Ich begann sofort mit der Sichtung der dafür maßgeblichen Quellen. Leider hatte ich aber erst nach einigen Monaten die Gelegenheit, mit Prof. Wolfgang Kunkel in München über mein Thema zu sprechen. Er machte mich darauf aufmerksam, dass gerade kurz vorher eine italienische Arbeit über dieses Thema erschienen sei. Ich wäre damals nicht in der Lage gewesen, mich mit einer italienischen Arbeit seriös auseinanderzusetzen. Daher war mir klar, dass ich ein anderes Thema finden musste.

Ich besuchte in München die Schwestern unserer »Herz Jesu Gemeinschaft«, die ursprünglich eine benediktinische Oblatengemeinschaft war, inzwischen aber dem »Institut Christus König und Hoherpriester« als Laiengemeinschaft angeschlossen ist. Dieser Gemeinschaft verdanken Esi und ich für unser ganzes Leben mehr, als es in diesem Rahmen dargestellt werden kann. Bei diesen Schwestern in München gab es zu den Mahlzeiten eine Tischlesung. Bei dem Mittagessen, zu dem ich eingeladen war, gab es eine Lesung aus Guéranger, in der die Osterbegnadigungen der römischen Kaiser seit Valentinian I. (a. 367) geschildert wurden. Ich hatte davon vorher noch nie etwas gehört und war buchstäblich elektrisiert. Sofort nach meiner Rückkehr nach Innsbruck nahm ich den

Codex Theodosianus zur Hand und fand dort den Titel 9,38 *De indulgentiis criminum*. Von den zwölf Konstitutionen dieses Titels handeln fünf von Osterbegnadigungen. Ein Blick in Mommsens *Römisches Strafrecht* führte mich zu seiner Feststellung: *amnestía* oder *ádeia* »sind griechische Rechtsbegriffe, den Römern fehlt die Sache nicht ganz, aber völlig das technische Wort«. Damit war klar, dass hier noch ein weites Feld aufzuarbeiten war. So hatte mir Gottes Güte durch die Tischlesung der Münchner Schwestern überraschend ein Thema geschenkt, auf das ich wohl selbst kaum gekommen wäre. Mein Lehrer Herdlitczka war mit dem Thema sehr einverstanden, das in der Fassung für das Buch lautete: *Untersuchungen zum römischen Begnadigungsrecht, abolitio-indulgentia-venia*. Mit dieser Arbeit konnte ich mich 1963 in Innsbruck für Römisches Recht habilitieren. Das Buch ist 1964 erschienen. Im Jahr 2000 ist sogar eine spanische Übersetzung dieses Buches von Björn Arp erschienen. Bereits 1964 wurde ich in Innsbruck zum ao. Professor für Römisches Recht ernannt.

Am 31. Januar 1961 gebar Esi unser sechstes Kind, einen Buben, der Andreas heißen sollte, weil Erzbischof Andreas Rohracher ihn taufen wollte. Gleich nach der Geburt wurde mir jedoch mitgeteilt, dass mit dem Kind etwas nicht ganz in Ordnung sei und Gefahr für das Leben bestehe. Ich wollte deshalb sofort für eine Nottaufe sorgen. Die zuständige Pfarrschwester von *St. Jakob* sagte mir auf Befragen, ob außer der Taufe noch ein anderes Sakrament gespendet werden könnte, dass auch die Notfirmung möglich sei. Der damalige Probst von *St. Jakob* spendete daraufhin dem kleinen Andreas die Taufe und die Firmung. Er sagte mir aber dann, dass er damit erstmals in die Lage kam, als Pfarrer das Sakrament der Firmung spenden zu dürfen. Obwohl er wisse, dass in dem Kreuzschwestern-Sanatorium, in dem Andreas geboren wurde, viele neugeborene Kinder sterben, sei er bisher noch niemals um die Spendung der Firmung gebeten worden. Andreas ist dann am 1. Februar tatsächlich gestorben. Nun musste ich Esi diese Nachricht überbringen. Wie sollte ich ihr das sagen? Ich fragte Esi zunächst, was sie sich für dieses Kind wünsche. Sie antwortete nach ganz kurzer Überlegung nach meiner Erinnerung eigentlich sofort – nach ihrer Erinnerung hat sie doch länger für die Antwort gebraucht, weil sie zuerst nicht wusste, was ich meinte. Jedenfalls lautete die Antwort: »dass es sein ewiges Heil erreicht«. Darauf sagte ich, dass wir, auch wenn wir uns noch so bemühen, es bei keinem Kind sicherstellen können, dass es wirklich sein ewiges Heil erreichen wird. Im Fall des Andreas haben wir jedoch ein Kind, das sein ewiges Heil bereits sicher erreicht hat. Esi wusste sofort, was das bedeutet, und ich konnte ihr sagen, dass er getauft und gefirmt gestorben ist. Sie hatte schon aus dem merkwürdigen Verhalten der Schwestern und aus der Tatsache, dass ihr das Kind nach der Geburt nur einmal ganz kurz und völlig eingehüllt gezeigt wurde, vermutet, dass mit dem Kind etwas nicht in Ordnung sei. Sie konnte dem Kind immerhin ein Kreuzchen auf die Stirne machen. Gleichwohl traf sie die Nachricht vom Tod des Kindes bitter, und sie war in Tränen, fasste sich aber rasch. Ich musste dann auch den Kindern sagen, was mit dem kleinen Andreas geschehen ist, auf den sie sich schon so sehr gefreut hatten. Als sie hörten, dass er getauft *und gefirmt* gestorben sei, führten sie einen Freudentanz auf mit ständiger Wiederholung des Wortes »gefirmt, gefirmt!« Der kleine Andreas wurde dann auf dem Mühlauer Friedhof begraben. Wir durften ihn noch kurz im offenen Sarg sehen, wobei braune Flecken im Gesicht sichtbar waren. Darauf neigte sich Marguerite zu mir und fragte leise: »Ist er schon ein bissi faul?« Die realistische Nüchternheit eines Kindes! Nach der Beerdigung sagten die Kinder hocherfreut: »Endlich haben wir auch ein Grab.« Sie wussten, dass andere Kinder zu Allerseelen die Gräber ihrer Verwandten besuchten, wir aber bis dahin kein Grab hatten. Die hl. Seelenmesse für Andreas durfte in weißer Farbe gefeiert werden, wie bei einem Seliggesprochenen. 1963 ist uns dann noch ein siebtes Kind, unser Gregor, gesund geschenkt worden.

Als 1965 die Rechtswissenschaftliche Fakultät in Salzburg wieder errichtet wurde, wusste ich, dass es viele qualifizierte Interessenten für eine Professur in Salzburg gab. Ich konnte mir daher kaum vorstellen, dass ich eine realistische Aussicht hätte, einen Ruf nach Salzburg zu bekommen, sosehr ich mir dies auch wünschte. Für die Berufung der ersten Professoren für Salzburg war vom damaligen Unterrichtsminister eine Kommission eingesetzt worden, die aus Vertretern der damals bestehenden drei Rechtswissenschaftlichen Fakultäten Wien, Graz und Innsbruck bestand. Nichts schien mir dafür zu sprechen, dass ich in dieser Konstellation überhaupt auf eine Berufungsliste kommen könnte, geschweige denn an erster Stelle. Ich reiste daher mit der Familie getrost wie gewöhnlich für den Sommer in die Schweiz, wo meine Schwiegereltern einen Bauernhof, die Mieschegg, im Jura besaßen, der für die Kinder einen idealen Urlaubsaufenthalt bot. Für die Zeit unserer Abwesenheit wohnte eine Bekannte in unserem Haus in Innsbruck. Ich hatte sie für alle Fälle gebeten, mich anzurufen, falls ein Brief aus dem Unterrichtsministerium kommen sollte. Zu meiner großen Überraschung kam tatsächlich ein Anruf mit der Nachricht, dass ein Brief aus dem Ministerium gekommen sei. Ich bat sie daraufhin, den Brief zu öffnen und mir den Inhalt vorzulesen. Der Inhalt war, kurz gesagt, der Ruf nach Salzburg mit der Einladung, zu den Berufungsverhandlungen ins Ministerium zu kommen. Ich konnte es kaum fassen, aber meine Freude war unbeschreiblich. Ich musste nun nach Innsbruck zurückkehren, um mich auf die Fahrt nach Wien vorzubereiten. Es war Sonntag und ich richtete die Fahrt so ein, dass ich in Feldkirch die Sonntagsmesse besuchen konnte. Es berührte mich dann ganz besonders, dass in Feldkirch eine Messe von Schubert gesungen wurde, die in Salzburg im Dom gewöhnlich bei der Mitternachtsmesse zu Weihnachten gesungen wurde. Es erschien mir fast wie ein Willkommensgruß aus Salzburg.

Von Innsbruck aus rief ich dann gleich im Ministerium an. Ich bekam sofort einen Termin für die Berufungsverhandlungen, zu denen ich von Innsbruck nach Wien flog. Sektionschef Hoyer empfing mich sehr freundlich. Die Verhandlungen dauerten naturgemäß nicht lange, weil ich alles so annehmen musste, wie es mir angeboten wurde. Aber ich nahm auch alles dankbar an. Meiner Ernennung zum o. Professor für Römisches Recht in Salzburg stand somit nichts im Wege. Sie erfolgte am 27. Oktober 1965. Wir mussten nun daran denken, das Haus in Innsbruck zu verkaufen und in Salzburg für die Familie mit inzwischen sechs Kindern ein passendes Haus zu finden. Jedenfalls endete damit meine Tätigkeit als Professor in Innsbruck bereits nach knapp einem Jahr.

XXI. Die ersten Jahre an der wieder errichteten Rechtsfakultät in Salzburg

Die ersten Vorlesungen an der wieder errichteten Rechtswissenschaftlichen Fakultät in Salzburg fanden bereits am 18. Oktober 1965 im provisorischen Fakultätsgebäude in der Weiserstraße 22 statt. Es war eine für die Fakultät provisorisch adaptierte ehemalige Schuhfabrik. Der ziemlich große Hörsaal war mit Studenten voll besetzt. Es herrschte eine große Begeisterung und eine Stimmung des Aufbruchs. Sogar Minister Piffl-Perčević selbst war eigens nach Salzburg gekommen, um sich alle Vorlesungen des ersten Semesters anzuhören. Er saß auch in meiner zweistündigen Vorlesung »Institutionen des Römischen Rechts« einfach unter den Hörern. Nachher besichtigte er das Institut.

In der konstituierenden Sitzung des Fakultätskollegiums am 16. November wurde ich zum Dekan gewählt. Damit fiel die Hauptlast des weiteren Aufbaues der Fakultät auf mich. Das Ziel der noch kleinen Fakultät war es, beste Kräfte für Salzburg zu gewinnen. Dagegen erhoben sich unerwartete Widerstände, auf die ich nicht näher eingehen will, die aber die Arbeit für den Aufbau der Fakultät sehr erschwerten. Ich will nur einige der grundsätzlichen Probleme erwähnen. Die Fakultät hatte einstimmig als erste weitere Berufung die von Theo Mayer-Maly beschlossen, der damals in Köln war. Die Fakultät in Wien hatte ihn vorher nach Köln ziehen lassen, ohne sich irgendwie zu bemühen, ihn zu halten. In Köln war Mayer-Maly in eine Gehaltsstufe aufgestiegen, die es in Österreich für Professoren noch nicht gab. Bei der Festlegung der Gehaltsstufe mussten das Unterrichtsministerium, das Finanzministerium und das Bundeskanzleramt zustimmen. Das Finanzministerium hatte sich dabei eine besondere Feinheit ausgedacht. Es hat die D-Mark im Verhältnis zum Schilling nicht nach dem offiziellen Nationalbankkurs umgerechnet, sondern nach einem eigenen »Marktkurs«. Die Begründung dafür lautete, dass die Lebensmittel in Österreich billiger seien. Der Effekt war, dass die D-Mark damit um etwa einen Schilling weniger wert war. Dies hatte die Folge, dass jeder aus Deutschland berufene Professor eine erhebliche effektive Verringerung seines Einkommens in Kauf nehmen musste. Im Falle von Mayer-Maly kam dazu, dass sein Gehalt in Köln erheblich über der österreichischen Höchststufe lag. Nach langen Bemühungen gelang es dem damals zuständigen Sektionschef im Unterrichtsministerium schließlich, die Schwierigkeiten in einer interministeriellen Sitzung mit Vertretern des Bundeskanzleramtes, des Finanzministeriums und des damaligen Unterrichtsministeriums, an der auch ich als Dekan teilnahm, zu lösen. Dies wurde auch durch die Hilfe des Landeshauptmanns von Salzburg möglich. Dieser bot nämlich an, für einen Ersatz für die Gehaltsverminderung zu sorgen. Prof. Mayer-Maly konnte daraufhin für Salzburg ernannt werden. Dann geschah etwas Unerhörtes. Mayer-Maly teilte mir mit, dass die Wiener Fakultät beim Bundespräsidenten interveniert habe, diese Ernennung nicht zu unterschreiben. Der Bundespräsident unterschrieb aber trotzdem. Mayer-Maly war zweifellos eine der tragenden Kräfte der Fakultät. Noch eine zweite wichtige Berufung glückte auf diese Weise gemeinsam mit Mayer-Maly. Aber in der Folgezeit musste ich erleben, dass fast alle von der Fakultät an erster Stelle gewünschten Berufungen an den geschilderten Schwierigkeiten scheiterten. Ich musste bald erkennen, dass der Traum von einer hochrangigen Fakultät nicht realisierbar war.

Meine Familie musste einstweilen noch in Innsbruck bleiben. Wir hatten inzwischen zwar schon ein für uns ideal erscheinendes Haus in Salzburg in der Essergasse gefunden, das aber einer gründlichen Sanierung bedurfte. Ich selbst war in dieser Zeit durch die Verpflichtungen meines Amtes so in Anspruch genommen, dass ich nach meiner Erinnerung in dieser Zeit überhaupt nur einmal das Haus besuchen konnte. Die Renovierungsarbeiten zu beaufsichtigen, wäre für mich völlig unmöglich gewesen. Daher musste Esi jede Woche zweimal von Innsbruck nach Salzburg kommen, um den Fortgang der Arbeiten im Haus zu kontrollieren und entstandene Fragen zu entscheiden. Sie kam dann oft in Tränen aufgelöst zu mir zur Fakultät, wo ich in meinem Zimmer bis zur Übersiedlung ins Haus auch wohnte. In Tränen aufgelöst kam sie deswegen, weil sich bei jedem Besuch im Haus neue, katastrophal erscheinende Probleme einstellten. Sie hatte das Gefühl, dass der Kauf des Hauses ein schwerer Fehler gewesen war und wir nur sehen müssten, es mit möglichst geringem Verlust wieder loszuwerden. Aber Esi stand diese Schwierigkeiten doch durch. Am 16. Mai 1966 konnten wir von Innsbruck nach Salzburg übersiedeln. Die Sanierung war doch gelungen. Danach wurde es immer klarer, wie ideal das Haus mit dem schönen Garten für die Familie wirklich war. »Die Essergasse« wurde geradezu zum Inbegriff eines schönen Heimes, nicht nur für die Familie selbst, sondern auch für die zahlreichen Freunde und Gäste, die in unser Haus kamen. Es ist das große Verdienst von Esi, dass schließlich alles so gut ausgegangen ist.

Die Belastungen meines ersten Jahres in Salzburg gingen an die Grenzen meiner Kräfte. In dieser Zeit ging es nicht nur um den weiteren Aufbau der Fakultät, sondern um den Aufbau der Universität insgesamt. Als Mitglied des Senats war ich natürlich auch mit den zahlreichen Problemen der anderen Fakultäten befasst. Das damals drängendste Problem war die Planung der Neubauten für die Philosophische Fakultät. Dafür hatte der Architekt, Prof. Roland Rainer, ein genial erscheinendes Projekt in Nonntal-Leopoldskron entwickelt, das die Neubauten in enger Verbindung mit der Altstadt vorgesehen hätte. Gegen dieses Projekt organisierte jedoch Architekt Holzmeister eine sogenannte »Bürgerinitiative«. Sein Haus in der Brunnhausgasse mit freiem Blick nach Süden wäre durch dieses Projekt beeinträchtigt worden. Die »Bürgerinitiative« führte schließlich zum Scheitern des Vorhabens. Holzmeister selbst sagte mir triumphierend, dass er es geschafft habe, dieses Projekt zu verhindern. Dieses objektiv optimale Projekt war in einem 1967 erschienenen Buch mit dem Titel *Universität Salzburg, Gedanke und Gestalt* eingehend dargestellt und begründet worden, aber umsonst.

Ich hatte mich von den Strapazen des Dekanatsjahres noch nicht wirklich erholen können, da kam für mich im Juni 1968 eine neue Überraschung. Ich wurde für das Studienjahr 1968/69 zum Rektor gewählt. Mir war ziemlich klar, was das neben allen anderen Problemen des Aufbaues der Universität in dem Jahr der weltweiten Studentenrevolte bedeuten musste. Dazu kam, dass Erzbischof Rohracher mich *ad personam* zum Mitglied der für den Herbst vorgesehenen Diözesansynode bestellte. Vor der Synode fand eine Veranstaltung zur Einführung der Synodalen statt. Als Hauptvortragender bei dieser »Einführung« war Prof. Herbert Vorgrimler aus Freiburg i. Br. eingeladen worden. Nach dessen Vortrag und der Diskussion nach dem Vortrag war mir klar, dass ich bei der Synode auf völlig verlorenem Posten stehen würde. Ich ging danach zu Erzbischof Rohracher, um ihm mein Mandat zurückzugeben. Er bat mich jedoch, es zu behalten, weil mir dies die Möglichkeit zu einer eigenen Stellungnahme zu den Beschlüssen der Synode geben würde. Ich habe dann tatsächlich die Mühe auf mich genommen, mit Freunden eine ausführliche Stellungnahme auszuarbeiten. Sie dürfte aber wohl direkt im Papierkorb der Organisatoren der Synode gelandet sein. Vorgrimler hat inzwischen eine Autobiografie veröffentlicht, mit der er ungeniert deutlich macht, wes Geistes Kind er ist. Diesem Geist entsprach offenbar auch der Geist der Organisatoren der Synode.

Was die Studentenrevolte mit sich bringen konnte, wurde mir drastisch vor Augen geführt, als ich etwa eine Woche vor meiner eigenen Inauguration die des Rektors der Universität Wien erleben musste. Schon beim Einzug in die Aula wurden wir von Sprechchören empfangen. Ich erinnere mich nur an diesen: »Unter den Talaren Muff von tausend Jahren.« Das wurde immer wieder wiederholt. Eine große Gruppe im Saal wollte offenbar die Durchführung der Inauguration unmöglich machen. Der Bundespräsident saß in einem besonderen Ehrensessel ganz vorne. Alle Ermahnungen des scheidenden Rektors wurden mit Hohn beantwortet. In dem Geschrei drängte sich einer der Störer zum Platz des Bundespräsidenten vor und schrie ihn an: »Wannst die Polizei rufst, waast eh, wos passiert.« Schließlich formierte sich eine Phalanx von Studenten, die mit dem Sprechchor »Linksfaschisten raus« die Störer aus dem Saal zu drängen begannen. Diese riefen nun selbst nach »Polizei« und »Hilfe«. Aber es gelang, sie restlos aus dem Saal zu drängen. Dann wurden die Türen verschlossen und die Feier konnte stattfinden. Es war jedoch kennzeichnend, dass am nächsten Tag die Medien die Partei der Störer ergriffen und das Verhalten derer, die für Ruhe sorgten, als »brutal« kritisierten.

In dieser Atmosphäre musste ich meine Inauguration vorbereiten. Es war allgemein üblich, dass der Rektor in seiner Inaugurationsrede ein Thema aus seinem Fach behandelte. Das tat auch der neue Rektor in Wien. Mir erschien es nicht möglich, mich angesichts der gegebenen Lage auf ein Fachthema zurückzuziehen. Ich glaubte, und ich wurde durch die Kollegen darin bestärkt, dass ich mich den Problemen der Studentenrevolte stellen müsse. Ich wählte das Thema »Akademische Freiheit und humane Ordnung«. Im Rahmen dieses Themas konnte ich auf die aktuellen Probleme eingehen, die besonders durch die totalitären Züge der studentischen Revolte gegeben waren.

In der Vorbereitung zu meiner Inauguration am 22. Oktober 1968 wollte ich alles tun, um möglichst eine Situation wie in Wien zu vermeiden. Die Große Aula umfasste damals 800 Plätze. Es durften aber aus statischen Gründen nicht mehr als 800 Personen eingelassen werden, weshalb der Einlass nur mit Platzkarten möglich war. Vor

der Inauguration wurden alle 800 Platzkarten völlig un-
kontrolliert auch an alle Studenten verteilt, die eine bekommen wollten. Um einen geordneten Einlass zu gewährleisten, wurden alle Eingänge bis auf einen gesperrt.
Der einzige Eingang wurde mit drei Kontrollen an drei
Türen hintereinander gesichert. Sollte jemand mit Gewalt
die erste Kontrolle passieren, wäre die zweite Tür sofort
gesperrt worden. Um allfällige Störer in der Aula zum
Schweigen zu bringen, hatte ich für den Abend eine öf-
fentliche Diskussion über meine Inaugurationsrede in einem großen Hörsaal vorgesehen. Ich hätte dann Störer
auf diese Diskussion verweisen können. Für alle Fälle hatte ich auch mit dem Polizeidirektor einen Notfallplan be-
sprochen.

Vor Beginn der Inauguration stellte sich heraus, dass
ein ganzer Bus mit Studenten aus Wien angekommen
war. Was die vorhatten, war klar. Diese wussten aber nicht,
dass man für den Einlass in die Aula Platzkarten brauchte. Ohne Platzkarten wurden sie nicht eingelassen. Sie
mussten einsehen, dass sie nicht in die Aula gelangen
konnten. Sie haben sich dann darauf beschränken müssen, nach der Inauguration vor der Aula Flugzettel zu ver-
teilen. Dies hat die Feier natürlich nicht gestört.

Der damalige Unterrichtsminister, Dr. Theodor Piffl-
Perčević, rief mich persönlich an und versicherte mich seines Wohlwollens, erklärte mir aber gleichzeitig, weshalb
er nicht persönlich kommen konnte und deswegen den
Sektionschef Brunner als Vertreter gesandt habe. Der damalige Justizminister, Univ.-Prof. Dr. Hans R. Klecatsky,
war zu meiner großen Freude anwesend, so auch Erzbischof Andreas Rohracher und Landeshauptmann Hans
Lechner und viele weitere Ehrengäste, die ich hier nicht

anführen kann. Es waren auch alle Rektoren Österreichs zur Inauguration gekommen. Diese hatten ihre Plätze auf dem Podium, was mit den festlichen Roben ein besonders feierliches Bild bot. Die Aula selbst war zu etwa einem Drittel mit Festgästen und zu zwei Dritteln mit Studenten bis auf den letzten Platz gefüllt. Eröffnet wurde die Inauguration im Hinblick auf die im Sommer erfolgte Besetzung Prags durch die Russen mit dem ersten Satz der »Prager Symphonie« von Mozart. Die weiteren Sätze folgten nach dem Bericht meines Vorgängers und nach meiner Rede.

Bei meiner Rede stand ich unter ungeheurer Anspannung. Ich rechnete damit, dass jeden Moment ein Gebrüll wie in Wien losgehen könnte. Es wäre wegen der starren Sitzreihen in der Aula auch unmöglich gewesen, Störer einfach aus dem Saal zu drängen. Aber es geschah nichts. Nach meiner Rede geschah jedoch etwas, das mich ganz verwirrt machte, ein nicht enden wollender, stürmischer Applaus. Ich saß hilflos auf meinem Platz. Esi saß im Saal in der zweiten Reihe. Ich sah sie an und sie gab mir ein Zeichen, aufzustehen und für den Applaus zu danken, was ich dann auch tat, worauf der Applaus erneut aufbrandete, bis dann der letzte Satz der »Prager Symphonie« zum Ausklang gespielt wurde.

Zu der Diskussion am Abend, bei der auch der Rektor der Universität Wien anwesend war, waren offenbar die aus Wien angereisten Studenten weitgehend gekommen. Diskussionsleiter war Dr. Friedrich Kuhn. Es meldete sich sofort offenbar einer dieser Wiener Studenten zu Wort und begann mit seiner Polemik gegen meine Inaugurationsrede etwa mit den Worten: Ich hätte von akademischer Freiheit gesprochen, das sei doch Mumpitz, das gebe es ja gar nicht. Und dann kam die ganze und lange Litanei der marxistischen Argumente. Ich kann mich jetzt natürlich nicht mehr im Einzelnen daran erinnern, aber es waren die Argumente, die ich aus den Schriften von Marcuse, Dutschke, Ho Chi Minh, Mao Tse-tung und vielen anderen kannte. Als er geendet hatte, erteilte der Vorsitzende mir das Wort für die Antwort. Ich sagte nur: »Herr Kollege, die Freiheit, die ich meine, ist die, dass Sie hier das alles in aller Freiheit und Ruhe so sagen können, wie Sie es gesagt haben, ohne befürchten zu müssen, gleich beim Ausgang verhaftet zu werden.« Damit war dieser Teil der Diskussion erledigt. Es folgte dann eine durchaus sachliche Diskussion mit den Teilnehmern, die wirklich an der Sache interessiert waren.

Als Rektor wurde ich mit vielen Problemen betreffend der Mitarbeiter konfrontiert, die ich von meinen Vorgängern übernehmen musste. Das Hauptproblem für mich war mein eigener Rektoratsdirektor. Weil ihn mein unmittelbarer Vorgänger eingestellt hatte, war es für mich besonders schwierig, feststellen zu müssen, dass er für die Aufgabe nicht geeignet war. Daher suchte ich einen Weg für eine unabhängige Beurteilung der Verhältnisse in der Rektoratsverwaltung. Eine Durchleuchtung durch ein Rationalisierungsinstitut erschien mir als der beste Weg. Mit Zustimmung des Ministeriums durfte ich ein solches Institut beauftragen, die Rektoratsverwaltung zu untersuchen. Das schriftlich erstattete umfangreiche Ergebnis lautete zunächst, dass der Rektoratsdirektor seine Entscheidungskompetenz nicht genug wahrnehme. Die Probleme beruhten im Wesentlich darauf, dass die Entscheidungen sich dann auf die Ebene der Abteilungsleiter verlagerten und nicht mehr koordiniert sein konnten. In einem gesonderten Brief an mich stellten die Mitarbeiter des Instituts fest, dass der aktuelle Direktor für dieses Amt ungeeignet sei. Ich musste dann mit meinem Vorgänger ein offenes Gespräch über den von ihm eingestellten Rektoratsdirektor führen. Meinem Vorgänger war schon vorher zugetragen worden, dass ich den Rektoratsdirektor aus persönlicher Abneigung loswerden wolle. Als mir mein Vorgänger dies vorhielt, musste ich ihm den Brief des Instituts zeigen. Dazu konnte ich ihm versichern, dass ich den Rektoratsdirektor persönlich sehr schätze und auch zu jeder mir möglichen Hilfe für ihn bereit sei, aber das nehme mir nicht die Verantwortung für eine geordnete Verwaltung im Rektorat und in seinen Abteilungen ab. Es war dann klar, dass ein neuer Rektoratsdirektor gesucht und gefunden werden musste.

In dieser Lage erhielt ich eine Einladung zur Eröffnung des Bundessportheims auf dem Kitzsteinhorn. Ich sagte zu Esi, dass ich unmöglich hinfahren könne, weil ich so viel Arbeit habe. Esi wieder hielt entgegen, dass ich dort so viele wichtige Leute treffen könnte, mit denen ich sonst nur mühsam Gesprächstermine finden würde. Als mein Vorgänger mir eröffnete, dass er auch hinfahre und mich im Wagen mitnehmen könne, sagte ich zu. Gleich beim Eingang begrüßte mich ein ehemaliger Student, Raimund Spruzina, der neben seiner Arbeit als Beamter der Bundesgebäudeverwaltung in Salzburg in Innsbruck studiert hatte. Er teilte mir mit, dass er nun mit dem Studium fertig sei und deswegen einen A-Posten, das heißt einen Posten für einen Akademiker, suche. Bis dahin hatte er nur einen B-Posten innegehabt. Mir kam sofort der Gedanke, ob das nicht der gesuchte Rektoratsdirektor sein könnte, für dessen Dienstposten ein A-Posten vorgesehen war. Einen anderen, der sehr geeignet gewesen wäre, der aber als Beamter gerade vor der Beförderung zum Hofrat stand, hatte ich gerade gefunden. Als ich jedoch den im Ministerium für die Ernennung von Beamten zuständigen Ministerialrat fragte, ob es möglich wäre, dass dieser Beamte als Rektoratsdirektor in Salzburg zum Hofrat ernannt würde, antwortete dieser kategorisch: »Solange der Rektoratsdirektor von Wien nicht Hofrat ist, kommt das für Salzburg nicht infrage.« Damit schied dieser Kandidat aus. Nun sah ich in meinem ehemaligen Studenten eine neue Möglichkeit. Er hatte eine jahrelange Erfahrung als Beamter der Bundesgebäudeverwaltung, die auch für die Universität zuständig war, und war damit ein bestens qualifizierter Beamter. Ich lud ihn so bald wie möglich zu einem Gespräch bei mir zu Hause ein. Das Gespräch verstärkte meinen Eindruck. Daraufhin musste ich meinen Vorgänger informieren und mit ihm die weitere Vorgehensweise besprechen. Wir kamen überein, Raimund Spruzina zur nächsten Senatssitzung einzuladen, um ihn dem Senat vorstellen zu können, der über die Bestellung zu entscheiden hatte.

Inzwischen hatte ich Landeshauptmann Lechner gefragt, ob es eine Möglichkeit gebe, den bisherigen Rektoratsdirektor in die Landesverwaltung aufzunehmen. Er machte es möglich, ihm eine Stelle, soviel ich mich erinnere, im Naturschutzreferat zu verschaffen. Damit war auch für den bisherigen Rektoratsdirektor immerhin so weit gesorgt. Der Senat beschloss dann die Einstellung des Herrn Raimund Spruzina zum neuen Rektoratsdirektor. Er konnte am 17. Februar 1969 seinen Dienst antreten. Er hat sich dann so sehr bewährt, und das ganz besonders in der Ordnung der Verwaltung der Universität

Salzburg, sodass das Ministerium ihn beauftragte, auch die Verwaltungen der Universität Innsbruck und des Mozarteums in Salzburg zu ordnen.

Leider musste ich auch andere Personaländerungen durchführen. Ich konnte nicht das Ausmaß der eingerissenen Missstände, besonders in der Leitung der Quästur, öffentlich bekannt machen. Hinsichtlich der Quästur hatte mich sogar Landeshauptmann Lechner persönlich gewarnt, dass Gefahr im Verzuge sei. Ich musste also sofort eingreifen. Der Leiter der Quästur musste entlassen und ein neuer bestellt werden. Wegen der notwendigen Kündigungen und Entlassungen wurde ich in den Medien als unsozialer Rektor beschimpft. In diesem Zusammenhang muss ich ein Beispiel anführen, das von meinen Vorgängern jahrelang »sozial« behandelt worden war. In der Quästur gab es eine Angestellte, deren Arbeit stets ein anderer nochmals machen musste, weil die Arbeit dieser Angestellten einfach völlig unbrauchbar war. Meine Vorgänger hatten versucht, sie durch Beförderungen und Gehaltserhöhungen zu motivieren. Vergeblich. Ein Punkt, der für sie sprach, war, dass sie, wenn ich mich richtig erinnere, durch Kinderlähmung etwas behindert war. Aber für einen völligen Ausfall der Arbeit konnte sie nicht angestellt sein. Daher bot ich ihr an, in die Telefonzentrale zu wechseln, wo sie keine Schreibarbeiten machen musste. Sie lehnte das ab. Hierauf musste ich ihr mitteilen, dass der Zustand in der Quästur so nicht haltbar sei und ihr gekündigt werden müsse. Sie nahm diese Mitteilung ungerührt und ohne Widerspruch an. Daraufhin kam ihr Vater zu mir und teilte mir mit, dass die Kündigung seiner Tochter auch ihn ins Unglück stürze und er flehte mich an, ihr nicht zu kündigen. Es wurden dann auch hochrangige Politiker zu Interventionen mobilisiert, um mich umzustimmen. Ich konnte jedoch den Zustand nicht verantworten und die Kündigung wurde ihr zugestellt. Daraufhin meldete sich diese Angestellte bei mir an. Ich rechnete mit einer tränenreichen Szene und mit der Bitte um Gnade. Es kam jedoch zu meiner großen Überraschung ganz anders. Sie betrat freudestrahlend mein Zimmer und wäre mir fast um den Hals gefallen. Sie dankte mir aus ganzem Herzen für die Kündigung. Denn sie hatte durch ihr Verhalten in der Arbeit jahrelang bewusst versucht, zu erreichen, dass ihr gekündigt werde. Ihr Vater hatte sie gezwungen, diese ihr verhasste Arbeit zu machen. Sie war künstlerisch interessiert und nebenbei im Chor des Landestheaters tätig. Sich dieser Arbeit ganz zu widmen, verhinderte die Anstellung in der Quästur. Niemand hatte bisher diese Situation verstanden. Jetzt konnte sie sich endlich dem widmen, was sie als ihre Berufung ansah. Dem Vater war es offensichtlich, ohne jede Rücksicht auf die Wünsche seiner Tochter, nur darum gegangen, sie im Status einer Staatsangestellten sicher unterzubringen. Die Tochter wusste sich durch nichts anderes zu helfen, als die erzwungene Arbeit nicht verwendbar zu machen, in der Hoffnung, damit eine Kündigung zu veranlassen und somit frei zu werden für das, wofür sie sich wirklich interessierte. Mit einer solchen Wendung der Sache hatte auch ich nicht rechnen können, aber es war eine sehr heilsame Lehre, mehr zu bedenken, was hinter einem an sich unerklärlichen Verhalten einer Angestellten stehen kann.

Nachdem der von Architekt Holzmeister organisierte Widerstand gegen das Projekt Nonntal-Leopoldskron zu des-

sen endgültigem Scheitern geführt hatte, musste ein neuer Standort für die Neubauten der Philosophischen Fakultät gefunden werden. Es waren bereits vorher die
Freisaal-Gründe um das Schloss Freisaal als möglicher
Standort in Betracht gezogen worden. Nun mussten konkrete Verhandlungen mit den Grundeigentümern geführt
werden, zu denen auch das Kloster Nonnberg gehörte.
Seitens der Stadtverwaltung war in dieser Zeit Senatsrat
Schöpfer für die Angelegenheiten der Grundstücksbe-
schaffung für die Universität zuständig. Weil der Anteil
des Klosters Nonnberg an den in Betracht gezogenen
Grundstücken ein wesentlicher war, bin ich selbst mit Senatsrat Schöpfer zur damaligen Äbtissin gegangen, um
die Möglichkeit und die Bedingungen des Verkaufes jener Grundstücke für die Universität zu besprechen. Das
Gespräch mit der Äbtissin und ihren Beraterinnen verlief
so positiv, dass damit die Möglichkeit der Realisierung des
Freisaal-Projekts bereits im Wesentlichen gesichert erschien. Minister Piffl kam dann persönlich nach Salzburg,
um sich von der Eignung des Standortes zu überzeugen.
Die gemeinsame Besichtigung des Standortes führte rasch
zu seiner Zustimmung zu diesem Projekt. Die schwieri-
gen Fragen der Finanzierung des Erwerbs der erforderlichen Grundstücke wurden in einer unvergesslichen Sitzung von Vertretern der Stadt und des Landes Salzburg
sowie der Universität unter der Leitung des damaligen Landeshauptmann-Stellvertreters Haslinger am Fa-
schingsdienstag 1969 beraten und entschieden. Landes-
hauptmann-Stellvertreter Haslinger hatte damals den
Genius des Tages zu einer humoristischen Einlage benutzt, die ein unnachahmliches Kabarettstück war. An-
schließend an die Sitzung lud Haslinger die Teilnehmer

noch zu sich zu einem Trunk ein. In der sehr heiteren Atmosphäre trank ich ein bereits verdorbenes Bier tapfer aus, was den damaligen Vizebürgermeister Weilhartner zu einer Bemerkung betreffend die Folgen dieses Trunkes veranlasste, die ich nicht wörtlich wiederzugeben wage, die man aber lateinisch mit *Catharina velox* wiedergeben könnte.

Als die Zeit der Neuwahl des Rektors im Mai 1969 nahte, wurde ich gedrängt, mich für eine Wiederwahl zur Verfügung zu stellen. Ich habe sofort mit der Erklärung abgelehnt, dass es mir bei einer Wiederwahl freistehe, die Wahl nicht anzunehmen, und ich würde sie keinesfalls annehmen. Zu dem Zeitpunkt war ich durch die Belastungen des Amtes so am Ende meiner Kräfte, dass ich es als unmöglich ansah, ein weiteres Rektoratsjahr durchstehen zu können. Was ich damals noch nicht wusste, war der Umstand, dass ich seit dem Sommerurlaub 1968 in Italien eine nicht erkannte Infektion mit Hepatitis in mir hatte, die erst im Juni 1972 nach einer sehr anstrengenden Sitzung des Europaratskomitees für Hochschulbildung und Forschung in Straßburg durch einen Leberinfarkt zum Ausbruch kam.

Am 10. Juni 1969 musste ich als scheidender Rektor die Wahl des Rektors für das Studienjahr 1969/70 leiten. Die Philosophische Fakultät hatte zwei angesehene Professoren zur Wahl vorgeschlagen. Mir war klar, dass es in der damals dramatischen Situation der Studentenrevolte nicht nur darauf ankam, dass der künftige Rektor hoch angesehen war. Das Wohl der Universität und ebenso der betroffenen Personen verlangte in dieser Situation besondere Leitungsfähigkeiten, die mit dem Ansehen nicht automatisch gegeben sein mussten. Daher musste ich die Wahlmänner der Philosophischen Fakultät befragen, wie sie die Leitungsfähigkeiten der vorgeschlagenen Kandidaten beurteilten. Es ging ja darum, die Universität durch diese schwierige Situation zu steuern. So persönlich nobel und fachlich hervorragend die beiden vorgeschlagenen Kandidaten anerkanntermaßen waren, kamen doch gewisse Zweifel auf, wie sie mit der gegebenen Situation zurechtkommen würden. Schließlich stellte sich heraus, dass der in dieser Hinsicht am geeignetsten scheinende Professor der Philosophischen Fakultät deswegen nicht vorgeschlagen worden war, weil er gerade ein Forschungssemester antreten wollte. Es erschien dann jedoch zumutbar, ihn zu bitten, angesichts der kritischen Situation sein Forschungssemester zum Wohle der Universität zu verschieben. So wurde Prof. Rudolf Baehr für das Studienjahr 1969/70 zum Rektor gewählt. Nachdem ihm die Gründe für die Wahl dargelegt worden waren, nahm er die Wahl auch an. Leider fassten jedoch die von der Fakultät vorgeschlagenen Professoren diese Wahl als Zurücksetzung ihrer Personen auf und unterstellten mir eine Intrige. Es waren jedoch die Wahlmänner der Philosophischen Fakultät selbst, die aus sachlichen Gründen zu dieser Erkenntnis gekommen waren und damit dem Wohl der Universität Vorrang geben wollten, aber auch dem Wohl der betroffenen Personen, die man nicht den, wie sich bald herausstellte, großen Schwierigkeiten aussetzen wollte, die für Rudolf Baehr alles andere als angenehm waren. Es wurde dann auch bald klar, dass es unter den gegebenen Verhältnissen nicht möglich sein würde, eine feierliche Inauguration durchzuführen. Sie musste abgesagt werden.

Ich hatte mich in der Rektorenkonferenz sehr dafür eingesetzt, dass die Rektoren in der Frage der Universitätsreform selbst aktiv werden, um die Initiative nicht anderen zu überlassen, die mit der Reform mehr politische als sachliche Ziele verfolgten. Vom 10. bis 13. September fand in Baden bei Wien eine Tagung der Kommission der Rektorenkonferenz statt, bei der ein Reformvorschlag ausgearbeitet wurde, den die Rektorenkonferenz dann mit einstimmigem Beschluss übernahm. Als er bei einer Pressekonferenz vorgestellt wurde, gab es lediglich den Kommentar, dass er von den Studenten bereits abgelehnt worden sei. Die sachlichen Erfordernisse der Universität fanden damals in den Medien kein Verständnis.

Am 23. September 1969 konnte ich das Amt des Rektors dem neuen Rektor übergeben. Nach der Amtsübergabe reisten Esi und ich nach Paestum zur Erholung. Wir fanden dort eine ruhige Pension direkt am Meer und man konnte auch noch schwimmen. In Paestum erreichte uns jedoch nach wenigen Tagen die Nachricht, dass Esis Mutter einen Schlaganfall erlitten hatte. Der Vater bat sie, gleich in die Schweiz zu kommen. Ich brachte Esi daraufhin nach Neapel zum Flughafen, von wo sie nach Zürich fliegen konnte. Ich selbst musste dann allein von Neapel bis auf die Mieschegg fahren. Ich habe in Florenz übernachtet und bin am nächsten Tag über Mailand, Bellinzona, Gotthard, Sustenpass und Bern auf die Mieschegg gefahren. Es herrschte herrliches Wetter, als ich die Alpenpässe überquerte. Ab etwa dem Brienzer See war jedoch dichter Nebel, zudem wurde es inzwischen dunkel, sodass die Sicht sehr schlecht war und ich kaum etwas sehen konnte. Erst auf etwa halbem Weg vom Tal auf die Mieschegg kam ich aus dem Nebel. Diese letzte Strecke war eine sehr schwierige Fahrt, aber ich kam, Gott sei Dank, wenn auch ziemlich spät abends, gut auf der Mieschegg an. Wir konnten Esis Mutter am nächsten Tag im Krankenhaus besuchen. Ihr Zustand war damals bereits sehr ernst. Bei Esis letztem Besuch bei ihr vor ihrem Tod stellte sie noch an Esi die Frage: »Und wo sind die Kinder?«

Im Jahr 1971 wurde mir ein Forschungsjahr genehmigt. Ich hatte den Wunsch, einmal die Bibliotheken der Klöster des Berges Athos auf Palimpseste[5] durchsuchen zu können. Ich wusste, dass viele Mönche seit frühester Zeit bei ihrem Eintritt Bücher mitgebracht hatten. Weil besonders seit dem 4. Jahrhundert n. Chr. Texte von Papyrusrollen in Pergamentkodizes umgeschrieben und nachweislich Texte antiker Autoren später vielfach ausradiert wurden, um das kostbare Pergament für kirchliche Texte verwenden zu können, hoffte ich, unter den zahlreichen Pergamentkodizes des Berges Athos die eine oder andere Palimpsest-Handschrift einer römischen Juristenschrift zu finden. Für den 4. Mai 1971 war ich zu einem Vortrag in Thessaloniki eingeladen. Am 5. Mai fuhr ich mit einem Assistenten von Thessaloniki mit etwa siebzig Kilogramm Ausrüstung, wozu ein eigenes Stromaggregat gehörte, um Fotografien mit ultraviolettem Licht machen zu können, zum Berg Athos. Wegen der Tagung des CHER in Dublin vom 18. bis 21. Mai musste ich meinen Aufent-

---

[5] Ein Palimpsest ist eine beschriebene antike oder mittelalterliche Manuskriptseite oder -rolle, die durch Schaben oder Waschen gereinigt und danach neu beschrieben wurde.

halt auf dem Berge Athos unterbrechen. Erst am 1. Juni konnte ich wieder zum Berg Athos zurückkehren. Was ich eigentlich gesucht hatte, konnte ich leider nicht finden. Aber immerhin habe ich zehn Folien eines Palimpsests der *Epanagoge cum Prochiro composita*, eines Rechtsbuches aus dem 10. Jahrhundert n. Chr., entdeckt, der von Dieter Simon als *Codex Waldstein* benannt wurde. Eine zweite Entdeckung betraf jedoch das kaiserliche Zeremonienbuch aus dem 10. Jahrhundert n. Chr. Über diesen Palimpsest hat Otto Kresten 2005 in der Byzantinistischen Zeitschrift (S. 423–430, mit Abb. 4) berichtet. Er ist für die Byzantinistik wichtig, aber nicht für das Römische Recht. Der insgesamt mehrwöchige Aufenthalt in den Klöstern des Berges Athos war für mich jedenfalls ein prägendes Erlebnis.

XXII. Die Europäische Rektorenkonferenz und das Komitee für Hochschulbildung und Forschung des Europarats

Im April 1970 informierte mich der damalige Sektionsrat, Dr. Otto Drischel, darüber, dass ich zum österreichischen Vertreter im Ständigen Ausschuss der Europäischen Rektorenkonferenz und im Europaratskomitee für Hochschulbildung und Forschung, CHER (*Committee for Higher Euducation and Research*), bestellt worden sei. In dieser Funktion musste ich bereits im Mai 1970 erstmals an den Sitzungen der Europäischen Rektorenkonferenz in Ankara und jener des CHER in Istanbul teilnehmen. In Ankara hatte ich die große Freude, das *Monumentum Ancyranum*, die Inschrift des Tatenberichts des Kaisers Augustus, wohl aus dem Jahr 13 n. Chr. (*Res gestae divi Augusti*), im Original zu sehen und auch zu fotografieren. Im Mai 1971 fand die Sitzung des CHER in Dublin statt. Bei dieser Sitzung wurde ich für das Jahr 1972 zum Vorsitzenden des CHER gewählt. Dies bedeutete, dass ich die Sitzung des CHER für das Jahr 1972 in Salzburg zu organisieren hatte. Eine Sitzung der Europäischen Rektorenkonferenz fand vom 12. bis 14. April in Nizza statt. Auf dem Rückflug von Nizza nach München ging der Flug bei herrlichem Wetter direkt über den Montblanc. Das war ein unvergessliches Erlebnis. Die Sitzung des CHER, die ich als Präsident zu leiten hatte, fand vom 2. bis 6. Mai 1972 in Salzburg statt, und zwar im Carabinierisaal der Residenz. An die Einzelheiten der damaligen Verhandlungen kann ich mich jetzt nicht mehr erinnern. Damals waren jedoch europaweit die Probleme der Universitätsreform akut, die sicher auch Gegenstand der Beratungen waren.

Eine Nachfolgesitzung des CHER fand am 13. und 14. Juni in Straßburg statt, am 15. und 16. Juni noch eine erweiterte Sitzung, an der auch nicht dem CHER angehörende Vertreter der Ministerien teilnahmen. In dieser Sitzung kam es zwischen mir und dem österreichischen, nicht dem CHER angehörenden Vertreter des Unterrichtsministeriums zu einer scharfen Differenz. Ich hatte sogar für den Fall, dass dessen Vorstellungen angenommen würden, den Rücktritt als Vorsitzender des CHER angedroht. Seine Vorstellungen wurden nicht angenommen. Nach der Sitzung habe ich jedoch versucht, mich mit dem von mir kritisierten Ministerialrat zu versöhnen. Wir vereinbarten ein Gespräch im Europaratsbüro für den nächsten Tag, an dem wir vor der Abreise des Zuges nach Österreich genügend Zeit hatten.

Am nächsten Morgen geschah jedoch im Hotel mit mir etwas, von dem ich zunächst geglaubt hatte, dass es meinen Tod bedeute. Als ich nach dem Frühstück in den Lift stieg, um in mein Zimmer zu fahren, wurde mir schwarz vor den Augen und ich dachte, ich würde bewusstlos im Lift zusammenbrechen. Aber ich schaffte es, mein Zimmer zu erreichen und mich auf das Bett zu werfen. Ich spürte dann die gleichen Symptome, die mein Vater für den Herzinfarkt beschrieben hatte, und ich dachte, dass nun auch bei mir ein Herzinfarkt vorliege. Dann sah ich plötzlich mein ganzes Leben wie in hintereinandergereihten, aber jedes für sich sichtbaren Diapositiven. Ich wusste irgendwie, dass dies ein Symptom des bevorstehenden Todes war. Plötzlich spürte ich eine absolute Ohnmacht, noch etwas vor meinem Tod tun zu können, vor allem fühlte ich einen tiefen Schmerz darüber, dass ich Esi nicht mehr sehen und sie nicht um Verzeihung für alle meine Fehler bitten könnte. Es waren sehr quälende Gedanken. Aber mit der Zeit wichen diese Gefühle und mein Zustand besserte sich deutlich. Schließlich war ich so weit, dass ich wieder aufstehen konnte. Ich fühlte mich dann sogar so weit wohl, dass ich mich entschloss, zu dem mit dem österreichischen Ministerialrat vereinbarten Termin in das nahe am Hotel gelegene Büro des Europarats zu gehen. Dort merkte aber auch der Ministerialrat, dass es mir doch nicht ganz gut ging. Ich schilderte ihm daraufhin etwas von meinem Erlebnis. Der Konflikt vom Vortag war dadurch irgendwie bedeutungslos geworden. Wir gingen dann gemeinsam zum Bahnhof und der Ministerialrat sorgte rührend dafür, dass wir im Zug ein Abteil fanden, in dem ich mich niederlegen und die ganze Fahrt bis Salzburg, beschützt durch den Ministerialrat, liegen konnte. Dabei hatten wir dann auch schöne Gespräche, bei denen unter anderem auch das Wort des hl. Augustinus zur Sprache kam: *inquietum est cor nostrum, donec requiescat in te* (»Ruhelos ist unser Herz, bis es ruhet in dir«, Conf. 1,1), und, wenn ich nicht irre, auch das Wort: *iussisti enim et sic est, ut paena sua sibi sit omnis inordinatus animus* (»Denn so hattest du geboten, und so ist es, dass jeglicher ungeordnete Geist sich selbst zur Strafe sei«, Conf. 1,12), eine Wahrheit, die man heute nicht nur nicht mehr wahrhaben will, man darf sie sogar nicht mehr aussprechen.

Als Esi mich am Bahnhof in Salzburg abholte, erschrak sie sichtlich über mein Aussehen und fragte mich, was denn mit mir los sei, ich sei ja ganz grün im Gesicht. Ich erzählte kurz, was geschehen war, und sie brachte mich sofort mit dem Auto direkt zu unserem Arzt Peter Kaserer. Der verabreichte mir gleich eine Infusion und meinte dann, dass nach seinem Eindruck ein Problem mit der Leber der Auslöser dieser Erscheinungen sein müsse. Weil er aber selbst kein Leberspezialist sei, wollte er, dass ich sofort zu einem Leberspezialisten in Vöcklabruck fahre. Dieser wieder verwies mich weiter an einen Spezialisten in Bad Mergentheim, wo ich dann vom 4. bis 28. Juli war. Der dortige Spezialist, Prof. Wannagat, der Gründer und Leiter der Stoffwechselklinik in Bad Mergentheim, führte zur Klärung des Sachverhalts eine Laparoskopie durch. Dabei wurde ein Kontrastmittel in die Milz eingespritzt, das dann die Blutbahn durch die Leber am Röntgenbild sichtbar machte. Diese Untersuchung machte klar, dass ein Gefäßzweig der Leber nicht durchblutet wurde. Daraus konnte der Arzt erkennen, dass ich an dem Morgen in Straßburg, an dem ich glaubte, einen

Herzinfarkt zu haben, in Wirklichkeit einen Leberinfarkt hatte, der wahrscheinlich eine Folge der nicht erkannten und verschleppten Hepatitis gewesen ist. In den Symptomen war der Leberinfarkt ähnlich wie der von meinem Vater beschriebene Herzinfarkt. Prof. Wannagat hat dann eine intensive Behandlung eingeleitet, die allmählich zu einer so weitgehenden Besserung geführt hat, dass die Folgen des Infarkts bei späteren Untersuchungen nicht mehr erkennbar waren. Allerdings wurde nie wieder eine Laparoskopie durchgeführt, um wirklich sehen zu können, ob der damals blockierte Gefäßzweig wieder durchblutet wird oder nach wie vor blockiert ist. Jedenfalls konnte ich ab Mitte September 1972 meinen Dienst wieder aufnehmen. Aber von meinen belastenden Funktionen als Mitglied des Ständigen Ausschusses der Europäischen Rektorenkonferenz und als Mitglied und Vorsitzender des CHER musste ich nun zurücktreten. Am 28. November 1972 erstattete ich der Österreichischen Rektorenkonferenz in Graz den Abschlussbericht über meine Tätigkeit in der Europäischen Rektorenkonferenz und im CHER. Prof. Wannagat hatte mir übrigens überraschenderweise prophezeit, dass ich ein hohes Alter erreichen und viele Ehrungen erhalten würde. Ich hatte zunächst nicht daran gedacht, die Ehrungen, die mir tatsächlich zuteilwurden, zu erwähnen. Der Gedanke an die Dankbarkeit denen gegenüber, die sie veranlasst haben, erlaubt es mir aber eigentlich nicht, sie zu verschweigen.

Ein in diese Zeit fallendes Ereignis scheint mir so wichtig zu sein, dass ich glaube, es sollte hier berichtet werden. Meine Mitgliedschaft in der Europäischen Rektorenkonferenz führte dazu, dass ich auch nach dem Ausscheiden die Mitteilungen über die weiteren Vorgänge erhielt. Dadurch erhielt ich auch Kenntnis von der Tatsache, dass die kommunistischen Rektoren Italiens auf Wunsch Russlands den Antrag auf eine Statutenänderung der Europäischen Rektorenkonferenz gestellt hatten. Es sollte im Statut nur eine »kleine« Änderung vorgenommen werden, um Russland den Beitritt zur Europäischen Rektorenkonferenz zu ermöglichen. Statt von »Freiheit der Wissenschaft«, sollte von »Verantwortung vor der Gesellschaft« die Rede sein. Ich habe dann erfahren, dass der damalige Vorsitzende der Österreichischen Rektorenkonferenz sich bereits darauf freute, zur Feier der Aufnahme Russlands in die Europäische Rektorenkonferenz nach Moskau fahren zu dürfen. Ich fragte den damaligen Rektor von Salzburg, ob diese Frage in der Rektorenkonferenz behandelt worden sei und was die Rektorenkonferenz dazu meine. Er sagte mir, dass bis dahin darüber nicht gesprochen worden sei und er versprach mir, sofort zu verlangen, dass vor einer Zustimmung Österreichs zu dieser katastrophalen Statutenänderung die Rektorenkonferenz mit der Sache befasst werde. Ich habe meinerseits meine Freunde in der Europäischen Rektorenkonferenz alarmiert und ihnen klargemacht, was es bedeuten würde, wenn die »Freiheit der Wissenschaft« aus dem Statut gestrichen und durch eine nicht näher bestimmte »Verantwortung vor der Gesellschaft« ersetzt würde. Dies führte zu einer schnell einberufenen Sitzung der Europäischen Rektorenkonferenz, nach meiner Erinnerung in Baden bei Wien. Dort wurde der Antrag der italienischen Rektoren mehrheitlich abgelehnt, worauf, wie mir berichtet wurde, die italienischen Rektoren die Sitzung unter Protest verließen.

In der Zwischenzeit waren jedoch in Moskau bereits die Vorbereitungen für das Fest der Aufnahme Russlands in die Europäische Rektorenkonferenz erfolgt. Als ich kurze Zeit später, es muss am 6. November 1972 gewesen sein, zu der Sitzung des CHER in Straßburg kam, bei der ich mich vom CHER verabschiedete, traf ich einen Beamten des Europarats, Herrn von Mucius, der gerade aus Moskau gekommen war, wo er mit den Vorbereitungen des Festes der Aufnahme Russlands in die Europäische Rektorenkonferenz zu tun gehabt hatte. Er hatte dort die Reaktionen auf die Ablehnung des Antrages der italienischen Rektoren unmittelbar miterlebt. Als er mich sah, sagte er zu mir: »Herr Waldstein, was haben Sie angerichtet! Ich kann ihnen versichern, für Sie ist ein extra Platz in Sibirien vorbereitet.« Die italienischen Rektoren hatten natürlich Kenntnis von meiner Intervention und so war den Russen bekannt geworden, dass ich der Auslöser für die Ablehnung des Antrages war.

XXIII. Die Entwicklung der Familie

In der hektischen Zeit bis 1972 konnte ich mich nicht viel um die inzwischen auf sechs Kinder angewachsene Familie kümmern. Immerhin konnte ich im Sommer wiederholt wenigstens teilweise an den Urlauben der Familie auf der Mieschegg teilhaben und dann ganz an den Urlauben in der Toskana in Riva degli Etruschi am Meer. Unsere Marguerite war noch im Urlaub 1968 mit uns in Riva degli Etruschi, musste aber wegen ihrer Erkrankung an Hepatitis ins Krankenhaus nach Piombino gebracht werden, wo sie fast bis zum Ende unserer Urlaubszeit bleiben musste. Die ganze Familie wurde damals gegen Hepatitis geimpft, aber ich hatte offenbar die Infektion bereits in mir. Durch die Impfung war die Infektion nur nicht erkennbar zum Ausbruch gekommen. Das hatte für mich später schwerwiegende Folgen, auf die ich bereits eingegangen bin.

Während unserer Zeit in Innsbruck hatten wir die Haushälterin des damaligen Pfarrers von Mühlwald in Südtirol kennengelernt. Sie erzählte uns, dass sie in einem großen Pfarrhof wohne, in dem Gäste willkommen seien. Sie fügte auch hinzu, dass ich mich mit dem Pfarrer sicher gut verstehen würde. Wir haben dann auch tatsächlich mehrere Urlaube in Mühlwald verbracht. Mit einer Übernachtung in der Nevesjochhütte konnten wir von dort aus sogar den Großen Möseler besteigen. Vor allem fanden wir einen reichen Bestand an Heidelbeeren, die fleißig gepflückt wurden. Im Jahr 1979 waren wir letztmalig in Mühlwald. Am 3. September habe ich im Kalender »Heidelbeeren, 30 Lt.« notiert. Wir konnten damals wirklich drei Zehnliterkübel voll Heidelbeeren mit nach Hause nehmen. Zum Entfernen der Blätter an den Heidelbeerstängeln hatte ich schon als Kind eine Methode gefunden, die ebenso einfach wie effektiv ist. Man lässt über eine große schräg liegende Pressspanplatte, auf der Leisten angebracht sind, die nach unten wie ein Trichter wirken, die Beeren hinunterrollen. Die Blätter bleiben dann auf der Platte liegen und unten kann man die von den Blättern befreiten Beeren in ein Gefäß aufnehmen. Die Heidelbeeren wurden dann großteils in ein köstliches Mus verarbeitet und tiefgekühlt. Daran konnten wir uns lange Zeit mit Genuss erfreuen. So schön Mühlwald mit seinen Bergen und dem Pfarrhof auch war, es belastete uns mit der Zeit, dass das schlechte Wetter am Alpenhauptkamm oft lange hängen blieb. Wir hatten inzwischen feststellen können, dass das Wetter in den Dolomiten bedeutend günstiger war. Bei einer Fahrt mit dem Lift nach Heiligenkreuz sahen wir ein Haus in St. Leonhard, von dem Esi meinte, »da würde ich gerne Urlaub machen«. Es war die Villa Primula. Im August 1982 konnten Esi und ich erstmals in St. Leonhard im Gadertal Urlaub machen. Seither verbrachten wir unsere Sommerurlaube bis zum Jahr 1994 regelmäßig in der Villa Primula in St. Leonhard.

Am 4. September 1976 war die erste Hochzeit eines unserer Kinder, die Hochzeit von Marguerite und Peter Meier. Sie fand in der Kirche von Morzg statt, unserer damaligen Pfarrkirche, in der Esi und ich uns im Jahr 1951 verlobt hatten. Am 4. Juni 1977 feierte Michael seine Graduation am *Thomas Aquinas College* bei Los Angeles, an der wir teilnehmen konnten. Am 13. Juni 1978 fand in Santa Barbara in Kalifornien die Hochzeit von Michael mit Susie Burnham statt, die Michael im *Thomas Aquinas College* kennengelernt hatte. Wir durften dabei sein. Am 7. Juli 1979 durften wir die Hochzeit unserer Maria mit Franz Comploi in *Maria Plain* feiern. Die Eltern und Geschwister von Franz mit der Musikkapelle von Wengen waren auf der Autobahn zwischen Rosenheim und Salzburg im Stau stecken geblieben. Sie trafen zu der Hochzeit erst nach dem Gloria der hl. Messe ein, das eigens gesungen wurde, um ihnen die Chance zu geben, noch zur Trauung zurechtzukommen, was auch gelang. Am 22. Mai 1982 durften wir die Hochzeit unserer Franziska mit Robert Bartosch in der Pfarrkirche Morzg und am 24. November 1984 die unseres Gregors mit Marianne Lauk, ebenfalls in der Pfarrkirche Morzg, feiern. Damit waren alle Kinder bis auf Elisabeth verheiratet. Elisabeth ist mit gelobter Ehelosigkeit Mitglied des Opus Dei.

In St. Leonhard entdeckte ich für den Urlaub eine ideale Beschäftigung bei schlechtem Wetter. Ich konnte mich im Urlaub nicht durch Lesen erholen, weil ich beruflich das ganze Jahr lesen musste. Für mich war das Bergsteigen der erholsame Ausgleich für die Schreibtischarbeit. Die Entdeckung ergab sich folgendermaßen: Freunde hatten eine Hauskapelle mit schönen barocken Kerzenleuchtern auf dem Altar. Sie hatten sogar die Erlaubnis, das Allerheiligste im Haus aufzubewahren, wenn sich ein Priester im Haus befand, aber sie hatten keinen Tabernakel. Ich bedachte eines Tages die Situation und stellte mir vor, dass es doch nicht so schwierig sein könnte, zu den Leuchtern passend einen kleinen Tabernakel zu schnitzen. Ich hatte schon in meiner Jugend ein bisschen geschnitzt, aber seither nicht mehr daran gedacht. Nach den Vorgaben der Leuchter zeichnete ich für die Tabernakeltür und den Tabernakel nach dem Vorbild einer Marmortafel in der Kirche *Maria Plain* einen Entwurf, der Gefallen fand. Ich beschaffte mir daraufhin ein passendes Stück Zirbenholz. Im nächsten Urlaub musste ich mir noch die erforderlichen Schnitzeisen besorgen und dann ging ich an die Arbeit. Sie machte mir Freude und das Ergebnis war nach meinem Eindruck nicht schlecht. Vor allem aber entdeckte ich, wie sehr für mich das Schnitzen eine ausgesprochene Erholung war. Der Tabernakel wurde noch in Silber gefasst. Als der Tabernakel dann auf dem Altar stand, sah ihn eines Tages die Kunsthistorikerin Rosmarie Messerer. Sie fragte erstaunt: »Woher habt ihr diesen barocken Tabernakel?« Ein größeres Lob für den Tabernakel hätte ich nicht bekommen können, da er ohne Kenntnis der Herkunft von einer Kunstsachverständigen für ein echtes barockes Stück gehalten wurde. Nach dieser Arbeit folgten Bitten um andere Arbeiten, zuerst von der Malerin Regine Dapra, der ich ein Bild vom Tabernakel gezeigt hatte. Sie bat mich um einen Weihnachtsengel. Dann wünschte sich unser Sohn Michael, nachdem er ein Bild vom Engel gesehen hatte, eine Weihnachtskrippe. Eine solche wollte dann auch unser Gregor haben, schließlich wollte Esi eine Madonna nach dem Vorbild der Altenmarkter Madonna. Das war die letzte Schnitzarbeit, die ich noch in St. Leonhard begonnen hatte.

Im Jahr 1995 wurde das Haus fertig, das unser Schwiegersohn Franz Comploi in Alt-Wengen bauen durfte. Es steht in einer herrlichen Lage, 1500 m ü. M., auf dem nach Süden offenen Nordhang des Wenger Tales. Auf der Südseite des Tales steht die gewaltige Nordseite der Kreuzkofelgruppe mit dem Zehner (3025 m) und dem Neuner (fast 3000 m). Seit 1995 durften wir all unsere Urlaube dort verbringen. Es waren wunderbare Urlaube, in denen ich auch mit einer Werkbank schnitzen konnte, ohne jemanden mit dem Hämmern zu stören. In dieser Zeit entstanden die meisten Schnitzarbeiten, unter diesen eine Madonna nach dem Vorbild der Rosenkranzmadonna von Vadstena, ein hl. Thomas Morus nach dem Vorbild des Porträts von Holbein und ein Erzengel Michael, alle auf Bitten unserer Tochter Elisabeth für eine in Stockholm geplante Kapelle (zwei Figuren, circa 70 cm groß, der Erzengel Michael mit dem Drachen unter ihm, circa 80 cm).

Am 5. Januar 2002 durften Esi und ich unsere Goldene Hochzeit feiern. Msgr. Michael Schmitz hat das lateinische Hochamt in der Kirche *St. Sebastian* gefeiert. Vor seiner Ansprache hat er auch den Brief verlesen, mit dem Papst Johannes Paul II. uns seine Glückwünsche zukommen ließ. Der Brief beginnt mit den Worten: *Fideliter et constanter* (»Treu und beständig«). Er ist vom Kardinalstaatssekretär Angelo Sodano unterzeichnet. Der Brief bedeutete für uns eine überaus große Überraschung. An der hl. Messe haben auch Erzbischof Eder, Weihbischof Laun und die Äbtissin vom Nonnberg mit Schwester Fidelis teilgenommen. Der Erzbischof hielt am Ende eine sehr bewegende Ansprache.

Unsere Kinder hatten mit Franz Comploi an der Orgel und mit einigen Freunden eine Messe von Haydn vorbereitet, die wunderschön gesungen wurde. Am Ende erklang das Halleluja aus dem Messias von Händel. Dabei hat Franz Comploi mit seinem Sohn Philip die Orgel vierhändig und vierfüßig gespielt. Gregors Sohn Sebastian sorgte für eine solch gute Aufnahme dieser Messe, dass wir sie zu unserer Freude und Erbauung immer wieder anhören können.

Das Festmahl fand dann mit etwa 140 Personen im Barocksaal des Peterskellers statt. Es war für uns ein besonderes Geschenk, mit so vielen lieben Freunden und Bekannten dieses Fest feiern zu dürfen. Unsere Marguerite hat meine Vorliebe für Schüttelreime zum Anlass genommen, eine humorvolle Einlage mit Schüttelreimen zu bieten, während Michael über unsere Ehe sprach, wobei er hervorhob, dass die Kinder nie einen Streit zwischen Esi und mir erlebt hatten, was uns natürlich besonders freute. Er wagte sogar zu erwähnen, dass wir unsere Ehe treu nach der Lehre von *Humanae Vitae* gelebt haben. Abschließend darf ich zur Entwicklung unserer Familie sagen, dass wir inzwischen 24 Enkel und 14 Urenkel haben. Ein 15. ist bereits unterwegs, dessen Geburt im Juni 2013 erwartet wird.

XXIV. Einige Einzelheiten aus meiner Tätigkeit als Professor

Es wäre unmöglich, alles aufzuführen, was ich in meiner aktiven Zeit zu tun hatte. Von den Dingen, die neben den normalen Verpflichtungen eines Professors auf mich zukamen, kann ich nur einige Einzelheiten hervorheben. Die erste ist, dass mich der C. H. Beck Verlag in München bat, die Neubearbeitung der *Römischen Rechtsgeschichte* von Gerhard Dulckeit und Fritz Schwarz nach dem plötzlichen Tod von Fritz Schwarz zu übernehmen. Sie erschien unter »Dulckeit/Schwarz/Waldstein« im Herbst 1975. Als ich im Sommer 1975 mit der Arbeit fertig war und das Manuskript an den Verlag gesandt hatte, lud mich der damals erst zwölfjährige Gregor ein, zur Feier des Anlasses mit ihm den Fleischbank Nordgrat im Wilden Kaiser zu gehen. Ich sagte begeistert zu. Esi stand dabei und fragte mich entsetzt, wie ich mich bei einer solchen Tour einem Zwölfjährigen anvertrauen könne. Ich kannte damals schon sehr gut die Kletterfähigkeiten unseres Gregors, weil ich sie selbst gefördert hatte. Er hatte bereits mit sechs Jahren den ganzen Aufstieg von der Talstation der Dachstein Südwandbahn über die Hunerscharte auf den Dachstein mit mir bewältigt. Inzwischen hatte er beim Alpenverein an einem Kletterkurs teilgenommen und war selbst schon den Fleischbank Nordgrat geklettert. Ich antwortete Esi, dass ich absolut sicher sei, wenn Gregor mich sicherte. Den Blick, den Gregor mir damals zuwarf, werde ich nie vergessen.

Aber nun zurück zur *Römischen Rechtsgeschichte*. Ich hatte von der 6. bis zur 9. Auflage insgesamt vier Auflagen neu bearbeitet. Als die Neubearbeitung der 10. Auflage der *Römischen Rechtsgeschichte* fällig war, schlug ich dem Verlag vor, meinen Nachfolger als Professor für Römisches Recht, Michael Rainer, mit dieser Aufgabe zu betrauen. Ich bin Michael Rainer sehr dankbar, dass er diese Aufgabe übernahm. Bis dahin hatte ich den Text weitgehend neu gestaltet, dass der Verlag entschied, Dulckeit und Schwarz als Begründer des Werkes aufzuführen. Die 10. Auflage erschien dann 2005 unter den Namen »Waldstein/Rainer«.

In der Auseinandersetzung mit der »Fristenlösung« ist der Schutz des menschlichen Lebens für mich zu einem Zentralthema geworden. Mein verehrter Freund Herbert Schambeck drängte mich, meine bis dahin erschienenen Beiträge für den Verlag Duncker & Humblot, Berlin, für ein Buch zusammenzustellen. Dies erschien 1982 unter dem Titel: *Das Menschenrecht zum Leben, Beiträge zu Fragen des Schutzes menschlichen Lebens*. In diesem Buch ist auch meine Kritik an dem Erkenntnis[6] unseres Verfassungsgerichtshofes über die Fristenlösung publiziert (S. 26–66).

Seit Beginn meiner Arbeit an der Universität hatte mich die in der Literatur kontrovers beantwortete Frage beschäftigt, worin konkret der Einfluss der griechischen Philosophie auf die römische Rechtswissenschaft bestand. Ich begann, die Quellen zu studieren, die für die Beant-

---

[6] Österr. Begriff für Gerichtsurteil (Anm. d. Verl.).

wortung dieser Frage wichtig erschienen. Bald sah ich jedoch, dass dies ein großes und zeitraubendes Projekt war. Bereits 1972 hatte Joseph Vogt mich brieflich eingeladen, an dem Mainzer Projekt der Forschungen zur antiken Sklaverei mitzuarbeiten. Mein eigenes Projekt schien mir dies auszuschließen, daher konnte ich Joseph Vogt nicht zusagen. 1978 brachte mich jedoch Heinz Bellen mit seiner Hartnäckigkeit und mit dem Argument, dass er nach der Lektüre meines Buches über das römische Begnadigungsrecht der Überzeugung sei, dass niemand anderer geeigneter sei, »das Material über die *Operae libertorum* neu aufzuarbeiten«, zum Nachgeben. Etwas naiv ging ich davon aus, dass nach meiner damaligen Kenntnis der Quellen und der Literatur zu dieser Frage die Arbeit in zwei oder maximal drei Jahren bewältigt werden könnte, und das, dachte ich, würde mein Projekt nicht zu sehr beeinträchtigen. Also sagte ich schließlich zu. Als ich dann die Arbeit begann, erkannte ich schnell, dass ich die bis dahin erschienene Literatur zu dieser Frage nicht als Hilfe heranziehen konnte. Ich musste wirklich alles aus den Quellen von vorne neu aufarbeiten. Bis das Buch mit dem Erscheinungsjahr 1986 tatsächlich im Jahr 1987 herauskam, hatte ich fast neun Jahre daran gearbeitet. Erst im September 1986 konnte ich die Umbruchkorrektur an den Herausgeber senden. Dann mussten noch die Register erstellt werden, das Quellenregister mit 18 Druckseiten und das Register »Namen und Sachen« mit 28 Druckseiten. Das Sachregister konnte ich erst am 24. Januar 1987 absenden. Dann mussten auch noch die Druckfahnen der Register kontrolliert und korrigiert werden. Damals war es noch nicht möglich, die Register mithilfe des Computers zu erstellen. Sie mussten mit Zetteln von Hand gemacht werden. Damit war eigentlich schon klar, dass ich mein eigenes Projekt nicht mehr realisieren könnte.

Inzwischen war jedoch durch die »Universitätsreform« auch an meiner Fakultät eine Situation entstanden, in der mit der Zusammensetzung des »Fakultätskollegiums« aus 50 Prozent Professoren und je 25 Prozent Studenten- und Assistentenvertretern Beschlüsse zustandekamen, die ich nicht mehr mitverantworten konnte. Zudem war der zeitliche Aufwand in den Sitzungen des Fakultätskollegiums und der verschiedenen Kommissionen sehr belastend, wobei immer klarer wurde, dass ich mit Argumenten praktisch keinen Einfluss auf Beschlüsse mehr hatte. Es erschien mir daher nicht mehr sinnvoll, die verbleibenden Kräfte auf solche Weise aufzubrauchen. Dazu kam, dass die unglaubliche und früher unvorstellbare Disziplinlosigkeit der Studenten um 1990 auch die Vorlesungen zu einer immer unerträglicheren Last machte. Es waren wohl die Früchte der antiautoritären Erziehung, die offenbar keinen Sinn für akademisches Verhalten vermitteln konnte. So entschloss ich mich, auf die Emeritierung zu verzichten, für die ich noch fünf Jahre hätte im Amt bleiben müssen, und von meinem Recht Gebrauch zu machen, mich nach dem Beamtendienstrecht in den Ruhestand versetzen zu lassen.

XXV. Meine Versetzung in den Ruhestand und der Ruf nach Rom

Als ich am 7. Juni 1991 meinen Antrag auf Versetzung in den Ruhestand unterzeichnete, hatte ich bereits weit über vierzig anrechenbare Dienstjahre und stand im 63. Lebensjahr. Mit Wirkung vom 31. März 1992 wurde ich dann in den Ruhestand versetzt. Die Pension erschien damals für Esi und für mich als durchaus ausreichend. In den seither vergangenen mehr als zwanzig Jahren hat sich das jedoch stark verändert. Die Pension hat sich mit der Inflation im Wert in etwa halbiert.

Nach der Versetzung in den Ruhestand hoffte ich noch, mein Projekt in Angriff nehmen zu können. Ich musste aber zunächst noch verschiedene Rückstände an Verpflichtungen aufarbeiten. Das kostete mehr Zeit, als ich vermutet hatte. Dann ging im April 1996 eine Einladung zu einem Kongress an der Lateran-Universität für den Mai 1996 in Rom ein. Ich wollte zunächst nicht zusagen. Mein Freund und Kollege Theo Mayer-Maly redete mir jedoch sehr zu, doch zuzusagen. Ich sollte dort am 22. Mai einen Vortrag über die Legitimitätsgrundlagen des Staates halten, in dem es um das »Naturrecht« ging. Michael Rainer hatte den Text ins Italienische übersetzt, so konnte ich den Vortrag auf Italienisch halten. Am nächsten Tag bat mich der damalige Dekan der Zivilrechtlichen Fakultät, Prof. Falchi, um ein Gespräch. Er erklärte mir dann zunächst die Situation der Fakultät. Als Päpstliche Universität steht sie in der Verwaltung des Vatikans. Das Gehaltsschema der Professoren ist daran orientiert, dass sie vorwiegend Priester sind, in einem geistlichen Haus leben und daher kein großes Einkommen brauchen. Dies macht es jedoch unmöglich, Professoren von staatlichen Universitäten zu berufen. Deshalb ist die Fakultät auf den Gedanken gekommen, Professoren zu berufen, die von ihrer Universität bereits emeritiert oder im Ruhestand und noch nicht siebzig Jahre alt sind. Und er fragte mich dann, ob ich bereit wäre, einen solchen Ruf anzunehmen. Ich wies ihn darauf hin, dass ich leider nicht Italienisch sprechen könne. Er meinte, ich hätte doch gestern meinen Vortrag auf Italienisch gehalten. Ich musste erklären, dass mein Text ins Italienische übersetzt worden sei. Ich war in der Lage, diesen zu lesen. Falchi meinte jedoch, nach zwei Monaten würde ich drin sein. Ich konnte mir das nicht vorstellen.

Für den nächsten Morgen waren Esi und ich zu Kardinal Stickler zur hl. Messe und zum Frühstück eingeladen. Beim Frühstück erzählte ich Kardinal Stickler, was mir Falchi gesagt hatte. Ich fragte den Kardinal nach seiner Meinung zu dieser Sache. Er drehte sich auf seinem Stuhl zu mir und sagte energisch: »Das ist ein Ruf Gottes, den müssen sie annehmen.« Ich erwiderte: »Aber wenn ich nicht Italienisch kann!« Er darauf: »Gott wird ihnen helfen!«

Nach meiner Rückkehr nach Salzburg berichtete ich Michael Rainer, meinem Nachfolger in Salzburg, von der Sache. Er sagte sofort: »Den Ruf musst du annehmen, und ich werde dir alle Texte für die Vorlesungen übersetzen.« Das war die von Kardinal Stickler zuversichtlich versprochene Hilfe Gottes. Daraufhin habe ich zugesagt. Nun musste in Rom eine Wohnung gefunden werden. Die Suche gestaltete sich als schwierig. Esi hatte jedoch eine Schwester in Rom, die Klosterfrau war. Vom 22. bis 26. Oktober fand in Liechtenstein eine Senatssitzung der Internationalen Akademie für Philosophie statt, an der ich als Mitglied des Senats teilnehmen musste. Esi war mit in Liechtenstein. Dort erreichte sie ein Anruf ihrer Schwester aus Rom mit der Mitteilung, dass die Wohnung einer ihrer Mitschwestern an der Via Gregorio Settimo frei werde. Es müsse aber sofort entschieden werden, ob wir sie nehmen wollten, und sie fragte, ob Esi das entscheiden könne. Esi entschied, und wir fanden damit eine für uns ideale kleine Wohnung an der Via Gregorio Settimo 108, die einzige Stelle, von der aus man auf der von der Straße abgewandten Seite einen freien Blick auf die Kuppel von *St. Peter* hatte. Das war die uns beglückende Aussicht aus unserer Wohnung. Wir sind dann rasch nach Rom übersiedelt, natürlich ohne unser Haus in Salzburg aufzugeben.

Nach meiner Zusage musste ich jedoch so schnell wie möglich die Texte für zwei doppelstündige Hauptvorlesungen über *Teoria generale del diritto* (»Allgemeine Rechtstheorie«) und *Ius commune* (»Gemeines Recht«), die für ein ganzes Jahr vorgesehen waren, im vollen Wortlaut vorbereiten, damit Michael Rainer sie übersetzen konnte. Ich hatte bis dahin keine solche Vorlesung gehalten und musste sie nun über den Sommer neu ausarbeiten. Damit war der Sommer für mich total ausgelastet. Für den 17. Oktober war die erste Vorlesung über *Ius commune*, für 18. Oktober die erste über *Teoria generale del diritto* vorgesehen. Die Zeit wurde knapp.

Michael Rainer hatte seine Übersetzung auf Band gesprochen. Ich musste daher jemanden finden, der diese Texte abschreiben konnte. Erst kurz vor den ersten Vorlesungen erhielt ich die geschriebenen Texte. Als ich mich dann auf die ersten Vorlesungen konkret vorbereiten musste und die Texte las, wurde es mir heiß. Denn ich merkte sofort, dass die Person, die diese Texte abgeschrieben hatte, das Diktat vielfach nicht richtig verstanden hatte. Ich versuchte, es am Tonband nachzukontrollieren, musste aber dann selbst feststellen, dass das Diktat manchmal durch Nebengeräusche akustisch nicht leicht zu ver-

stehen war. Die Diktate waren hauptsächlich auf Bahn-
fahrten erfolgt. So konnte man zum Beispiel manchmal
die Ansage an einem Bahnhof auf dem Tonband hören
oder andere Nebengeräusche. Ich musste dann mit einem
Wörterbuch versuchen, das unverständliche Wort zu
identifizieren. Es blieb mir nicht viel Zeit und ich musste schließlich so gut ich konnte die erste Vorlesung halten. Es war aber für mich zunächst wie ein Fegefeuer. Allmählich fand ich festeren Boden. Aber in dieser kritischen
Lage fiel plötzlich mein neuer IBM-Laptop aus, auf dem
ich alle Texte für die Vorlesungen gespeichert hatte und
den ich für die Vorbereitung der Vorlesungen unbedingt
brauchte. Ich fuhr zur IBM-Vertretung in Rom, mit der
Bitte um Hilfe. Der dortige Mitarbeiter versprach möglichst rasche Hilfe und bat mich, am nächsten Tag anzurufen. Bei meinem Anruf sagte man mir dann nur, dass
der Schaden noch nicht behoben werden konnte und dass
es noch etwas dauern werde. Diese unpräzise Auskunft
war für mich höchst beunruhigend. Ich rief dann nach einigen Tagen wieder an. Man sagte mir nur, dass es leider
noch nicht so weit sei. Nach einer Woche verlangte ich
dann, dass sie mir den Computer so zurückgeben sollten,
wie er war. Ich wollte nämlich dann einfach zu meinem
Computergeschäft in Salzburg fahren, weil ich daran
zweifelte, dass man in Rom überhaupt in der Lage sei, ihn
zu reparieren. Erst dann erfuhr ich, dass der Computer
nach Mailand geschickt werden musste, weil man in Rom
tatsächlich nicht in der Lage war, ihn zu reparieren. Es
dauerte dann insgesamt drei Wochen, bis ich meinen
Computer wieder hatte, zum Glück aber mit unbeschä-
digten Texten. Diese Zeit war für mich wirklich eine äußerst schwere Prüfung.

Zusätzlich zu den Vorlesungen musste ich auch ein Seminar anbieten, für das ich auf keinen vorbereiteten Text zurückgreifen konnte. Ich half mir damit, dass ich mit den Hörern wichtige Quellentexte las, für die es italienische Übersetzungen gab. Im ersten Jahr haben wir Ciceros *De officiis* gelesen, im zweiten die *Metaphysik* des Aristoteles. An diesem Seminar nahmen auch viele Priester und Theologiestudenten teil, die in ihrem Studium von alledem nichts gehört hatten. Sie waren sehr überrascht und tief beglückt zu hören, wie schlagend bereits Aristoteles heute verbreitete Irrtümer widerlegt hatte. Dieses Seminar löste ein solches Interesse aus, dass zwei Teilnehmer, einer aus Bari und ein anderer aus Norditalien, die lange Anreise nicht scheuten, um wöchentlich nur an diesem Seminar teilnehmen zu können.

Am meisten Sorgen bereiteten mir zunächst die Prüfungen am Ende des Semesters. Ein sehr guter Brauch an der Fakultät, dass bei jeder Prüfung ein zweiter Professor anwesend sein musste, hat mir sehr geholfen. Besonders schwierig war manchmal die Prüfung bei afrikanischen Studenten. Diese fühlten sich nicht selten persönlich beleidigt, wenn sie nicht die beste Note bekamen oder gar die Prüfung nicht bestehen konnten. Da war die Hilfe des Urteils eines unbefangenen Zeugen sehr wichtig und willkommen.

Zu meiner großen Überraschung wurde ich schon gleich nach meinem Amtsantritt zum Mitglied des Akademischen Senats gewählt. Damit war ich auch in die Probleme der Verwaltung der Universität mit einbezogen. Ein wichtiges Problem trat im Zusammenhang mit einer Änderung der Statuten der Universität auf, über die im Senat entschieden werden musste. Die Lateran-Universität ist ihrem Gründungsgedanken nach *die* Päpstliche Universität. In der Vergangenheit hatte es jedoch bei der Wahl des Rektors schwerwiegende Probleme gegeben, wodurch Rektoren gewählt wurden, die diesem Gründungsgedanken nicht entsprachen. Die Statutenänderung sah nun vor, dass der Rektor der Lateran-Universität künftig vom Papst ernannt werden sollte. Dagegen gab es im Senat besonders seitens des Dekans der Kanonistischen Fakultät heftigen Widerstand. Er argumentierte, dass die Universität damit auf ihre Autonomie verzichte und das dürfe nicht sein. In der Diskussion verwies ich auf Beispiele, wohin diese Autonomie führen konnte: Fakultäten, die sich »katholisch« nannten und die sich in ihrer Autonomie vom katholischen Glauben abgewandt hatten. Deshalb könne sich eine Universität, die den Anspruch erheben wolle, eine Päpstliche Universität zu sein, nicht einfach vom Papst abkoppeln. Die Statutenänderung wurde dann mit großer Mehrheit angenommen.

Eine besondere Freude war es für mich, dass ich, in Gegenwart von Esi und vor dem Rektor der Universität im Sinne des Motu Proprio *Ad tuendam fidem* von Johannes Paul II. vom 18. Mai 1998 meine *Professio fidei* (»Glaubensbekenntnis«)und das *Iusiurandum fidelitatis in suscipiendo officio nomine Ecclesiae exercendo* (»Treueid, der bei der Übernahme eines kirchlichen Amtes abzulegen ist«) in feierlicher Form leisten durfte. Damit durfte ich feierlich beschwören, um was ich mich in meinem ganzen Leben bemüht hatte und wofür ich auch viel Kritik und die Verunglimpfung als Fundamentalist oder dergleichen in Kauf nehmen musste. Auf Antrag des Rektors hat Papst Johannes Paul II. mich mit Dekret vom 18. März 1998 zum Commendatore des »Ordens des hl. Gregor des Großen«

ernannt (*Equitem Commendatorem Ordinis Sancti Gregorii Magni*). Der Rektor, damals Bischof Msgr. Angelo Scola, hatte ferner beim Staatsekretariat beantragt, dass ich nach meiner Emeritierung mit Vollendung des siebzigsten Lebensjahres im Jahr 1998 noch ein weiteres Jahr als Professor wirken könne. Grundsätzlich wäre das möglich gewesen. Ich wusste aber, dass ich bei der deutschen Sektion des Staatssekretariats ganz schlecht angeschrieben war. Ich habe daher den Rektor gleich darauf hingewiesen, dass dieser Antrag sicher nicht durchgehe. Er meinte jedoch, wenn er als Bischof und Rektor den Antrag stelle, könnte man das doch nicht ablehnen. Der Antrag wurde jedoch abgelehnt, was den Rektor sehr verwunderte. Aber er rechnete nicht genug mit dem Ausmaß der Ablehnung, die damals in der deutschen Sektion gegen »Konservative« herrschte. Damit endete meine Zeit an der Lateran-Universität mit Ende des Studienjahres 1997/98.

Ich hatte an sich nicht die Absicht, von den Ehrungen zu sprechen, die mir zuteilwurden. Esi meinte jedoch, dass dies undankbar wäre gegenüber denjenigen, die mir die Ehrungen zuteilwerden ließen. Daher muss ich sie dankbar erwähnen.

Hier darf ich weitere Ehrungen anführen, die ich empfangen durfte:

1991 wurde mir das Ehrendoktorat der Universität Miscolc in Ungarn verliehen.

Ein zweites Ehrendoktorat wurde mir 2012 von der Péter-Pázmány-Universität in Budapest verliehen.

1971 wurde mir das »Große Ehrenzeichen für Verdienste um die Republik Österreich« durch den damali-

gen Landeshauptmann von Salzburg, Dr. Lechner, über-
reicht.

1987 erhielt ich den »Großen Leopold Kunschak-Preis«.

1992 wurde mir das »Große Goldene Ehrenzeichen für
Verdienste um die Republik Österreich« verliehen.

1993 erhielt ich das »Goldene Ehrenzeichen des Landes Salzburg«.

Zu meinem 65. Geburtstag (1993) wurde mir eine Fest-
schrift unter dem Titel *Ars boni et aequi* gewidmet, herausgegeben von meinen Schülern Zoltán Végh und Mar-
tin Schermaier.

Ich habe noch verschiedene Medaillen und kleinere Ehrungen erhalten, die ich leider nicht mehr zuordnen kann.
Hier zeigt sich doch auch die Realität meines Alters, das
Gedächtnis lässt nach. Ich habe jedenfalls für viel wohlwollende Anerkennung zu danken.

XXVI. Eine kleine Auswahl aus meiner Lehr- und Vortragstätigkeit im Ausland

Nach einer unvollständigen Zusammenstellung habe ich
Gastvorträge oder Vorträge bei Kongressen in Chile,
Deutschland, England und Schottland, Frankreich, Grie-
chenland, Italien, Japan, Liechtenstein, Polen, Ungarn und
in den USA gehalten, insgesamt wohl über fünfzig Vorträge, dazu auch Blockvorlesungen. Die Blockvorlesungen
fanden im Jahr 1982 statt über Rechtsphilosophie an
The International Academy of Philosophy (Irving/Texas,
USA), vom 16. Februar bis 5. März mit insgesamt 39 Stunden, und vom 27. März bis 7. April 2006 an der *Pontificia
Universidad Católica* in Santiago de Chile. Diese Block-

vorlesung habe ich in italienischer Sprache gehalten. Der Kollege, Prof. Dr. Patricio-Ignacio Carvajal, Santiago, hat dann den italienischen Text ins Spanische übersetzt und die Vorlesung als Buch herausgebracht unter dem Titel: *Lecciones sobre Derecho Natural: En el Pensamiento Filosófico y en el Desarrollo Jurídico desde la Antigüedad hasta Hoy* (»Lektionen über das Naturrecht: Im philosophischen Denken und in der Rechtsentwicklung von der Antike bis heute«).

Im Sommersemester 1988 habe ich Vorlesungen über Rechtsphilosophie an der Internationalen Akademie für Philosophie in Liechtenstein mit Zustimmung des Ministeriums neben der vollen Lehrverpflichtung in Salzburg gehalten. In dieser Zeit konnte ich sogar mit Studenten und Freunden wiederholt den Fürstensteig zu den berühmten »Drei Schwestern« gehen. Diese bilden mit 2106 m gewissermaßen den markanten Nordpfeiler des Bergrückens, der ab dem Garsellikopf, kurz vor den »Drei Schwestern«, Liechtenstein gegen Österreich im Osten abgrenzt.

Aus den zahlreichen Vorträgen möchte ich nur einige erwähnen, denen besondere Bedeutung zukam. Unter diesen steht wohl an erster Stelle der Vortrag, zu dem ich durch die Veranstalter des *20. Deutschen Rechtshistorikertages* im Jahr 1974 in Tübingen eingeladen wurde. Der Vortrag fand am 30. September statt. Über die Einladung zu diesem Vortrag freute ich mich sehr. Mein Thema lautete damals: »Konsequenz als Argument klassischer Juristen«. Besonders ist mir die lebhafte Beteiligung von Franz Wieacker an der Diskussion in Erinnerung. Dieser Vortrag war das erste Ergebnis meiner intensiveren Beschäftigung mit der Frage des Einflusses der griechischen Philosophie auf die römische Rechtswissenschaft. Die

Einladung nach Köln 1968 stand im Zusammenhang mit der Tatsache, dass es mir gelungen war, 1966 Mayer-Maly von Köln nach Salzburg zu gewinnen und immerhin noch zwei weitere Berufungen von Köln nach Salzburg zu erreichen. Diese beiden scheiterten jedoch an der bereits geschilderten Haltung des Finanzministeriums. 1968 hielt ich noch Vorträge in Aberdeen und Glasgow. Für mich war auch der Vortrag in Thessaloniki 1971 wegen der Kontakte zu meinen dortigen Kollegen für die Vorbereitung meiner Reise auf den Berg Athos sehr wichtig. Mit dem Vortrag in Warschau 1974 kam ich erstmals hinter den »Eisernen Vorhang«. Ich konnte die Kollegen dort, besonders Henryk Kupiszewski, nur bewundern, wie sie mit der kommunistischen Regierung und den gegebenen Verhältnissen zurechtkamen. Als ich 1985 meinen Vortrag für Lublin vorbereitete und durch meine Sekretärin davon eine Reinschrift anfertigen ließ, kam sie besorgt zu mir und meinte, dass sie nach diesem Vortrag meine Verhaftung befürchte. Vorab frage ich bei meinem Gastgeber in Lublin an, ob sich durch den Inhalt meines Vortrages ein Problem ergeben könnte. Mein Gastgeber hatte keine Bedenken. Als ich jedoch bei der Rückreise in Warschau zum Flughafen kam, wurde ich sehr unruhig. Denn der Schalterbeamte wandte sich, als er meinen Pass gesehen hatte, zunächst an den Computer. Danach stand er auf und ging mit meinem Pass weg. Ich weiß nicht mehr, wie lange es dauerte, bis er wieder zurückkam. Für mich war es jedenfalls eine sehr lange Zeit, in der ich nicht wusste, was jetzt geschehen würde, und somit glaubte, wirklich mit der Verhaftung rechnen zu müssen. Schließlich kam der Schalterbeamte zurück und wandte sich zunächst wortlos wieder dem Computer zu. Dann drehte er sich mir zu und gab mir deutlich verärgert den Pass zurück. Äußerst erleichtert durfte ich in den Wartebereich zum Einsteigen gehen. Aber sicher fühlte ich mich erst nach dem Einsteigen in die AUA-Maschine nach Wien. Ich hatte in der Zwischenzeit jedenfalls die Erfahrung des völligen Ausgeliefertseins an eine Macht erlebt, bei der man mit völliger Willkür rechnen musste. Offenbar hatte mein Vortrag den Geheimdienst doch gestört. Es ging um das »Naturrecht«. Die Einladungen nach Cambridge und Oxford (1974) haben mir die Möglichkeit gegeben, diese altehrwürdigen Universitäten kennenzulernen. Im *Queens' College* in Cambridge durfte ich sogar in dem Zimmer wohnen, in dem Erasmus gewohnt und gearbeitet hatte (wohl um 1516). 1979 durfte ich an fünf niederländischen Universitäten sprechen: Amsterdam, Groningen, Leiden, Nijmegen und Utrecht. Weitere Vorträge habe ich in Kiel (1983 und 1986), Göttingen (1983), Budapest und Miskolc (1985 und 1991), in Heidelberg (1990), Szeged (1991) und Fukuoka/Japan (1991, »Internationales Symposion«) gehalten. Bei Vollversammlungen der »Päpstlichen Akademie für das Leben« in Rom durfte ich dreimal Hauptvorträge halten (1997; 2000; 2002), bei denen es immer um Fragen des »Naturrechts« ging. Besonders gefreut haben mich die Einladungen nach Paris 1990, Pavia 2005, Palermo 2007 und Neapel 2009.

XXVII. Meine Mitgliedschaft an der »Päpstlichen Akademie für das Leben«

Im Zuge der Vorbereitung der Enzyklika *Evangelium Vitae*, die am 25. März 1995 veröffentlicht wurde, hatte

Papst Johannes Paul II. mit dem Apostolischen Schreiben *Vitae Mysterium* vom 11. Februar 1994 die »Päpstliche Akademie für das Leben« gegründet. Der damalige Apostolische Nuntius in Österreich lud mich eines Tages zu einem Gespräch nach Wien ein. Es ging um meine Publikationen zu Fragen des Schutzes des menschlichen Lebens. Offenbar leitete der Nuntius nach diesem Gespräch die Mitteilung nach Rom weiter, dass ich als Mitglied dieser Akademie infrage käme. Tatsächlich wurde ich dann am 31. Mai 1994 zum Mitglied dieser Akademie ernannt. Dieses Ernennungsdatum tragen alle Urkunden der in der Gründungsphase der Akademie ernannten Mitglieder. Wahrscheinlich bin ich 1999 zum Mitglied des *Consiglio Direttivo* (bestehend aus sieben Personen) ernannt worden, dessen Funktionsperiode bis 2004 dauerte. In dieser Zeit regte ich an, dass die *8. Vollversammlung der Päpstlichen Akademie* vom 25. bis 27. Februar 2002 dem Thema »Naturrecht« gewidmet werden sollte. Ende September 2001 fand eine vorbereitende Tagung der vorgesehenen Referenten statt, zu der auch ein Jesuit und Professor für Moraltheologie aus Neapel, namens Saturnino Muratore, eingeladen war. Dieser begann die Diskussion mit einem Frontalangriff gegen den Begriff »Naturrecht«. Dieser Begriff dürfe im Thema der Vollversammlung keinesfalls vorkommen. Er konnte schließlich eine Umformulierung des Themas durchsetzten, das dann lautete: *The Nature and Dignity of the Human Person as the Foundation of the Right to Life* mit dem Untertitel: *The challenges of the contemporary cultural context* (»Die Natur und Würde der menschlichen Person als Begründung für das Recht auf Leben« – »Die Herausforderung der gegenwärtigen kulturellen Zusammenhänge«). Damit hatte er das Thema seines eigenen Vortrages als Untertitel des Themas der Vollversammlung durchsetzten können, wohl in der Erwartung, dass sich dann auch die Intentionen seines Vortrages durchsetzen würden. Er hatte, wie alle Referenten, seinen Text vorher einsenden müssen. Als ich diesen Text las, war ich mit einem blanken Positivismus und Relativismus konfrontiert. Alles, was vor Kant war, sah er als endgültig überholt an. Im Rückgriff auf diese überholten Vorstellungen sah er eine Bedrohung der Freiheit der Wissenschaft. Es war klar, dass mein eigenes Thema: »Die Fähigkeit des menschlichen Geistes, Naturrecht zu erkennen«, für ihn als Rückgriff auf völlig überholte Vorstellungen von Wissenschaft erscheinen musste. Mein Vortrag war im Programm vor dem von Muratore angesetzt. Daher erschien es mir notwendig, schon vorher etwas zu Muratores Vortrag zu sagen. Ich entschloss mich dann, zu meinem Vortrag folgende Vorbemerkung zu machen, die ich in der Originalsprache meines Vortrages wiedergeben muss:

Before dealing with the details, I feel obliged to mention that Prof. Muratore, in the paper presented by him to this Assembly, affirmed that »the modern ideal of science has already substituted the Greek one« and that the development in the 20th century »led to the overcoming and the discrediting of the Classicist interpretation of culture«[7]. In this view everything that was known since antiquity before the end of the 17th century, which is identified »as the date of birth of modern science«[8], would have to be

---

[7]   In the paper of Prof. MURATORE S., *The challenges of the contemporary cultural context*, p. 4 and 7.

[8]   MURATORE, *Ibid.*, p. 5.

considered as antiquated »classicist«, »essentialist and fixist«[9] ideas which have long since been superseded by modern science. And Muratore even feels himself »led [...] to suspect that the Classicist pretention, which remains in scientific knowledge, is still a devious and dreadful danger to our present cultural situation«[10].

It is clear that everything which I will have to say in my paper would fall under these verdicts. If they were true, I could only throw my paper into a waste-paper basket. Therefore I feel it to be my duty to quote a passage from the Encyclical Fides et ratio which is decisive for my own position and which Prof. Muratore does not seem to take into consideration. The most important part for my paper of the passage in Fides et ratio 72 reads as follows: »In India particularly, it is the duty of Christians now to draw from this rich heritage the elements compatible with their faith, in order to enrich Christian thought. In this work of discernment[11], which finds its inspiration in the Council's Declaration Nostra Aetate, certain criteria have to be kept in mind. The first of these is the universality of the human spirit, whose basic needs are the same in the most disparate cultures. The second, which derives from the first, is this: in engaging great cultures for the first time, the Church cannot abandon what she has gained from her inculturation in the world of Greco-Latin thought. To reject this heritage would be to deny the providential plan of God who guides his Church down the paths of time and history. This criterion is valid for

---

[9] Terms repeated many times by MURATORE, *The challenges of the contemporary cultural context,* e. g. p. 7, 9 and 10.

[10] MURATORE, *Ibid.,* p. 9.

[11] Emphasis in both cases added by myself.

the Church of every age, even for the Church of the future.« I think that these statements of the Encyclical not only allow me, but also oblige me, to rely on them. Besides this they are not only true for the Church, but also for any honest scientific endeavor, because every truth that has been discovered at any time remains true for ever. And, as Aristotle formulates in his Nicomachean Ethics, »For if a proposition be true, all the facts harmonize with it, but if it is false, it is soon found discordant with them«[12]. I am sorry to have to say that not only a few propositions in the paper of Prof. Muratore could in detail be shown to be »discordant« with the facts. Therefore the »work of discernment« between truth and error is doubtlessly the main challenge also of our »cultural context«.

In working out the »new scientific paradigm«, Muratore is »referring to the clever analysis of Bernard Lonergan with which he branched off from the Neoscholastic position«[13]. John Finnis, however, has shown in his paper, how untenable the theses of »Lonergan's post-Vatican II work« are. In spite of this fact it »has had its wide and damaging impact on Catholic theologians not so much by his underdeveloped and inoperable ideas on ethics, but by his unhistorical thesis that there is a profound distinction between »historical consciousness« and a »classicist world view«[14].

---

[12] Aristot. *Eth. Nic.* 1,8; 1098 b 11–12.

[13] MURATORE, *The challenges of the contemporary cultural context*, p. 3.

[14] FINNIS J. M., *Nature and Natural Law in Contemporary Philosophical and Theological Debates: Some Observations*, draft-text for the eighth General Assembly, esp. p. 19–23 with many further references, quotations from p. 19.

Diese meine Vorbemerkungen wurden zunächst nicht verstanden. Als aber dann Muratore seinen Vortrag gehalten hatte, kamen viele zu mir und sagten: »Jetzt verstehen wir, das ist ja furchtbar!« In der Diskussion nach seinem Vortrag zeigte sich Muratore absolut uneinsichtig. Sein Mitbruder, P. Angelo Serra S. J., bemühte sich liebevoll und rührend, Muratore zu irgendeiner Einsicht zu bringen, aber absolut vergeblich. Als später alle Texte vor der Veröffentlichung der Glaubenskongregation vorgelegt wurden, kam von dort die Mitteilung, der Text von Muratore dürfe so nicht in den Akten veröffentlicht werden. Muratore weigerte sich jedoch, irgendwelche Korrekturen vorzunehmen. Weil damit die Grundlage meiner Kritik in der Veröffentlichung weggefallen war, musste ich diesen Teil meines Vortrages in der veröffentlichten Fassung streichen. Ich habe jedoch von italienischen Kollegen gehört, dass der Text von Muratore in der italienischen Fassung der Akten entgegen der Weisung der Glaubenskongregation unverändert abgedruckt worden sei.

Als damaliges Mitglied des *Consiglio Direttivo* der »Päpstlichen Akademie für das Leben« wurde ich Zeuge eines mich tief erschütternden Vorganges. Die Mehrheit dieses *Consiglio* hat damals den Hirntod wirklich fanatisch vertreten. Obwohl längst nachdrücklich kritische Stimmen zum Hirntod-Kriterium veröffentlicht waren und sogar wenigstens einer der Mediziner, Prof. Alan Shewmon, der Mitglied der »Päpstlichen Akademie für das Leben« war, sich besonders kompetent in dieser Sache kritisch geäußert hatte, wagte die Mehrheit des *Consiglio Direttivo* den Versuch, den Papst zur Anerkennung des Hirntod-Kriteriums zu bewegen. Es wurde sogar erwogen, Shew-

mon wegen seiner Kritik aus der Akademie auszuschließen. Es gelang mir, dies zu verhindern. Aber die Gelegenheit, für den Papst die Ansprache vor dem »Internationalen
Kongress für Organverpflanzung« im Jahr 2000 vorbereiten zu dürfen, wurde für den Versuch genutzt, die Zustimmung des Papstes zum Hirntod-Kriterium zu erreichen. Ein entsprechender Text wurde von der Akademie
ohne Skrupel vorbereitet.

Der Text ging zunächst an die Glaubenskongregation
zu einer Zeit, als Kardinal Ratzinger nicht in Rom war.
Die Glaubenskongregation hat in Abwesenheit von Kardinal Ratzinger Präzisionen in den Text eingefügt, wohl
betreffend die moralische Sicherheit und den informierten Konsens, die, wie inzwischen nachgewiesen wurde,
schon für sich die Anwendung des Hinrntod-Kriteriums
deswegen ausschließen, weil diese Sicherheit eben objektiv nicht erreichbar ist. Kardinal Ratzinger sagte mir später, er hätte diesen Text niemals durchgehen lassen. Der
Text wurde jedoch dann Papst Johannes Paul II. zugelei-
tet. Der Papst erhielt den Text kurz vor seiner Ansprache.
Er musste dann irgendwie auf die Kompetenz der Akademie vertrauen. Dieses Vertrauen wurde von den Verantwortlichen jedoch leider schwer missbraucht. Der Papst
wurde dadurch in die peinliche Lage versetzt, die Aussagen von 2000 korrigieren zu müssen. Dies geschah durch
den vom Papst gewünschten Kongress im Februar 2005
bei der »Päpstlichen Akademie der Wissenschaften«.

Die Ansprache von Johannes Paul II. vom Jahr 2000
wurde zunächst nach dem Wunsch der Verantwortlichen
tatsächlich sofort als päpstliche Bestätigung des Hirntod-
Kriteriums interpretiert. Als hochrangige amerikanische
Wissenschaftler dem Papst ihre Bedenken in der Sache zu

unterbreiten wagten, war die Mehrheit des *Consiglio Direttivo* der »Päpstlichen Akademie für das Leben« empört über diesen »Ungehorsam« dem Papst gegenüber. Sie meinten, wenn der Papst ihre Meinung übernommen habe, dann müsste man auch gehorchen, selbst wenn es gegen besseres Wissen wäre. Die dem Papst vorgetragenen Bedenken haben jedoch Papst Johannes Paul II. dazu bewogen, eine neuerliche Prüfung der »Zeichen des Todes« durch einen neuen Kongress durchführen zu lassen. Dieser Kongress, zu dem nun auch die amerikanischen Wissenschaftler eingeladen wurden, fand am 3. und 4. Februar 2005 bei der »Päpstlichen Akademie der Wissenschaften« im Vatikan statt. Bei diesem Kongress haben sich hervorragende Wissenschaftler bemüht, »im Rahmen eines eingehenden interdisziplinären Studiums erneut das spezifische Problem der ›Zeichen des Todes‹ zu untersuchen, durch die der klinische Tod eines Menschen mit moralischer Gewissheit bestimmt werden kann« (Johannes Paul II. in seinem Schreiben an die »Päpstliche Akademie der Wissenschaften« vom 1. Februar 2005, wohl eine der letzten Botschaften vor seinem Tod).

Das Ergebnis dieses Kongresses war eindeutig. Ich kann hier nur die in diesem Zusammenhang wichtigste Aussage aus dem Schlussdokument dieses Kongresses: *Conclusions After Examination Of Brain-Related Criteria For Death*, wiedergeben. In der Nr. 10 der dreizehn Abschnitte umfassenden *Conclusions* wird gesagt: »Es gibt einen überwältigenden medizinischen und wissenschaftlichen Befund, dass das vollständige und unwiderrufliche Ende der Gehirntätigkeit (im Großhirn, Kleinhirn und Hirnstamm) kein Beweis für den Tod ist. Der vollkommene Stillstand von Gehirnaktivität kann nicht hinreichend festgestellt werden. Irreversibilität ist eine Prognose und nicht eine medizinisch feststellbare Tatsache. Wir behandeln heute viele Patienten mit Erfolg, die in der jüngsten Vergangenheit als hoffnungslose Fälle betrachtet worden waren.«

Der damalige Kanzler der »Päpstlichen Akademie der Wissenschaften«, ebenfalls ein fanatischer Vertreter des Hirntod-Kriteriums, war über die Ergebnisse dieses Kongresses so schockiert, dass er die Publikation der Akten verbot. Daher konnten diese Ergebnisse dann nur durch von der Akademie unabhängige Publikationen veröffentlich werden. Vor allem ist zum Problem »Finis Vitae« auf ein Buch zu verweisen, das vom Vizepräsidenten des *Consiglio Nazionale delle Ricerche*, Roberto de Mattei, 2006 in englischer Sprache und 2007 auf Italienisch herausgegeben wurde. Es enthält teils Texte von Teilnehmern des Kongresses von 2005 oder von solchen, die zum Kongress wegen ihres Textes gleich gar nicht zugelassen wurden, wie bei mir. Ich selbst habe mich in zahlreichen Publikationen bemüht, auch in meinem 2010 herausgekommenen Buch *Ins Herz geschrieben. Das Naturrecht als Fundament einer menschlichen Gesellschaft*, die Ergebnisse des Kongresses von 2005 bekannt zu machen, aber alle diese Publikationen sind offenbar kaum zur Kenntnis genommen worden.

Die Tatsache, wie die »Päpstliche Akademie der Wissenschaften« mit der auf Wunsch von Papst Johannes Paul II. erfolgten Korrektur seiner Rede von 2000 umgegangen ist, zeigt die skrupellosen Methoden bei der Durchsetzung des Hirntod-Kriteriums. Das wird auch durch die Absicht der »Päpstlichen Akademie für das Leben« deutlich, einen prominenten und kompetenten medizinischen Fachmann von der Akademie auszuschließen, der es wagte, auf der Grundlage seiner langjährigen klinischen Erfahrungen das Hirntod-Kriterium scharf zu kritisieren.

Um klarzumachen, wie die wirkliche Auffassung der Päpste betreffend Hirntod war, muss ich an einige Aussagen der Päpste Johannes Paul II. und Benedikt XVI. erinnern, die ebenfalls faktisch nicht zur Kenntnis genommen wurden.

Papst Johannes Paul II. hatte bereits in einer Stellungnahme vom 14. Dezember 1989 für einen von der »Päpstlichen Akademie der Wissenschaften« veranstalteten Kongress über die Bestimmung des Todeszeitpunktes erklärt: »Es scheint sich tatsächlich ein tragisches Dilemma aufzutun: Einerseits sieht man die dringende Notwendigkeit, Ersatzorgane für Kranke zu finden, die in ihrer Schwäche sterben würden oder zumindest nicht wieder genesen können. Mit anderen Worten, es ist verständlich, dass ein Kranker, um dem sicheren oder drohenden Tod zu entgehen, das Bedürfnis hat, ein Organ zu empfangen, welches von einem anderen Kranken bereitgestellt werden könnte […]. In dieser Situation zeigt sich jedoch die Gefahr, dass man einem menschlichen Leben ein Ende setzt und endgültig die psychosomatische Einheit einer Person zerstört. Genauer, es besteht eine wirkliche Wahrscheinlichkeit, dass jenes Leben, dessen Fortsetzung mit der Entnahme eines lebenswichtigen Organs unmöglich gemacht wird, das einer lebendigen Person ist, während doch der dem menschlichen Leben geschuldete Respekt es absolut verbietet, dieses direkt und positiv zu opfern, auch wenn dies zum Vorteil eines anderen Menschen wäre, bei dem man es für berechtigt hält, ihn derart zu bevorzugen.«

Wie berechtigt diese Aussagen damals waren, haben inzwischen die Aussagen der unten zitierten Erfinder des Hirntod-Kriteriums selbst bestätigt.

In der Enzyklika *Evangelium Vitae* vom 25. März 1995 hat Johannes Paul II. in Nr. 15 zu Problemen der Euthanasie festgestellt: »Und auch angesichts anderer, heimlicherer, aber nicht minder schwerwiegender und realer Formen von Euthanasie dürfen wir nicht schweigen. Sie könnten sich zum Beispiel dann ereignen, wenn man, um mehr Organe für Transplantationen zur Verfügung zu haben, die Entnahme dieser Organe vornimmt, ohne die objektiven und angemessenen Kriterien für die Feststellung des Todes des Spenders zu respektieren.«

Papst Benedikt XVI. hat deswegen in seiner Ansprache vom 7. November 2008 sehr mit Recht zur Vorsicht gemahnt und erklärt: »In diesen Fällen muss auf jeden Fall immer die Achtung vor dem Leben des Spenders als Hauptkriterium gelten, sodass die Organentnahme nur im Falle seines tatsächlichen Todes erlaubt ist« (*L'Osservatore Romano*, Wochenausgabe in deutscher Sprache, 28. November 2008, S. 7). Damit aber wird das Dilemma klar, dass Organe von einem tatsächlich Toten für die Transplantation nicht mehr brauchbar sind.

Das Problem liegt gerade darin, dass nur »vitale« Organe für eine Transplantation brauchbar sind, und die können nur einem vitalen, also lebenden Körper entnommen werden. Das war überhaupt der offen erklärte Grund für die Einführung des Hirntods. Das macht der Text des *Harvard Reports* selbst klar, den ich zum Verständnis der Sache wiedergeben muss. Der *Report* sagt (ich übersetze aus dem Englischen): »Unsere primäre Absicht ist es, das irreversible Koma als neues Kriterium für den Tod zu definieren. Es gibt zwei Gründe, weshalb eine Notwendigkeit für eine Definition besteht: (1) Die Verbesserungen bei wiederbelebenden und unterstützenden Maßnahmen haben zu vermehrten Bemühungen geführt, solche zu retten, die hoffnungslos verletzt sind. Manchmal (das impliziert, dass der Erfolg tatsächlich öfter größer ist) haben diese Bemühungen nur teilweisen Erfolg, sodass das Ergebnis ein Individuum ist, dessen Herz weiterschlägt, dessen Gehirn aber irreversibel geschädigt ist. Die Belastung für Patienten, die an dauerndem Verlust des Verstandes leiden, ist groß, ebenso für ihre Familien, für die Krankenhäuser und für solche, die Krankenbetten benötigen, die bereits durch solche komatöse Patienten besetzt sind. (2) Obsolete Kriterien für die Definition des Todes können zu Kontroversen führen beim Erlangen von Organen für die Transplantation.« Diese Kontroversen wollte man vermeiden.

Der zweite Grund für die Neudefinition, den der *Harvard Report* ungeschminkt offenlegt, ist, Hindernisse für das Erlangen von Organen für die Transplantation zu beseitigen. Aus dem Text selbst geht demnach klar hervor, dass der *Report* eine Definition schaffen wollte, die es erlaubt, vitale Organe von einem am Gehirn schwer geschädigten Menschen zu entnehmen. Vitale Organe kann man jedoch nur von einem noch lebenden Menschen entnehmen. Die neue Definition hat hauptsächlich den Zweck, dies tun zu können und dadurch »mehr Organe für Transplantationen zur Verfügung zu haben«.

In der *Tagespost* vom 4. September 2012 ist auf S. 3 ein ganzseitiger Beitrag der Soziologin Alexandra Manzei veröffentlicht worden, in dem sie auf die Probleme von »Organspende und Hirntod« eingeht. Ich kann in diesem

Zusammenhang nur folgende Aussagen wiedergeben: »Seit zwanzig und mehr Jahren wird den Menschen gesagt, dass es sich bei Hirntoten um ganz normale Leichen handle. Das ist aber nicht der Fall. Um es einmal sehr einfach auszudrücken: Leichenteile kann man nicht verpflanzen; [...] Leichenteile würden den Empfänger vergiften. Verpflanzen kann man nur Organe von einem lebenden Organismus.« Zu der Frage der »Anzahl jener Hirntoten, die nicht tot sind«, schreibt die Verfasserin: »Erforscht werden können ja nur jene Fälle, bei denen nach Feststellung des Hirntodes keine Organe entnommen werden, da durch Organentnahme in jedem Fall der Tod eintreten würde. In all jenen Fällen, in denen Organe entnommen werden, ist das Hirntod-Konzept also nicht falsifizierbar. [...] Beim derzeitigen Hirntod-Konzept handelt es sich also um eine selbsterfüllende Prophezeiung.«

Ungeachtet dieser Tatsachen hat sich das Hirntod-Kriterium weltweit schlagartig durchgesetzt, weil die Transplantationsmedizin damit einen fantastischen Aufschwung erfahren konnte. Selbst die Präsidenten der von Papst Johannes Paul II. zur Stärkung des Schutzes des menschlichen Lebens im Jahr 1994 gegründeten »Päpstliche Akademie für das Leben« haben meines Wissens bis jetzt den Hirntod vertreten, obwohl Papst Johannes Paul II. bereits in der oben angeführten Stellungnahme vom 14. Dezember 1989 erklärte, dass »doch der dem menschlichen Leben geschuldete Respekt *es absolut verbietet* (Hervorhebung von mir), dieses direkt und positiv zu opfern, auch wenn dies zum Vorteil eines anderen Menschen wäre, bei dem man es für berechtigt hält, ihn derart zu bevorzugen«.

Wenn also die Transplantationsmedizin, abgesehen von der Transplantation eines von paarigen Organen oder Organteilen, deren Entnahme nicht zum Tod des Spenders führt, nur mit dem Töten der Spender leben kann, muss klar gesagt werden, dass sie nicht nur ein menschenverachtender Irrweg ist, sondern ein verbrecherisches Unternehmen, bei dem Millionen von Menschenleben geopfert werden. Die gegenwärtige Situation lässt keinen Raum für Hoffnung, dass dieser Irrweg aufgegeben wird. Zu groß ist das damit verbundene Geschäft. Dass angesehene »Rechtsstaaten« diesen Tötungen ungerührt jahrzehntelang zusehen können, statt aus den Tötungen die strafrechtlichen Konsequenzen zu ziehen, zeigt das Ausmaß der Vernebelung durch den sogenannten »Hirntod«. Und dies, obwohl die Erfinder des Hirntods im Jahr 2008 selbst öffentlich zugegeben haben, dass die Anwendung dieses Kriteriums die Tötung des Spenders einschließt. Im *Hastings Center Report* 38, Nr. 6, 2008, veröffentlichte Prof. Robert Truog gemeinsam mit Prof. Franklin Miller, *National Institutes of Health*, einen Artikel mit dem Titel: *Rethinking the Ethics of Vital Organ Donation* (»Überdenken der ethischen Normen bei vitalen Organspenden«). Sie geben zu, dass *the practice of brain death in fact involves killing the donor* (»das Verfahren des Hirntodes schließt das Töten des Spenders ein«). Daher müsste die *dead donor rule*[15] aufgegeben werden. Das Töten des Patienten durch Organentnahme sollte als *justified killing* (»gerechtfertigtes Töten«). angesehen werden. Dies ist

---

[15] Die »Tote-Spender-Regel« (*Dead Donor Rule*) beinhaltet zwei ethische Normen: Lebenswichtige Organe dürfen nur von toten Patienten entnommen werden, lebende Patienten dürfen nicht für oder durch eine Organentnahme getötet werden.

nur in dem Kontext zu verstehen, dass die Transplantationsmedizin sich als eine humane, lebensrettende Unternehmung versteht. Mit der Organtransplantation können tatsächlich Leben in großer Zahl gerettet werden. Drängend lange Wartelisten für Organspenden bestehen. Und selbst kirchliche Institutionen ermuntern zur Bereitschaft zur Organspende. Es wird jedoch nicht dabei erwähnt, dass die Bereitschaft zur Organspende die Bereitschaft einschließt, sich töten zu lassen. Ist es aber wirklich gerechtfertigt, dass dafür, dass ein Mensch ein rettendes Organ erhält, der Spender des Organs sterben muss? Kann man die Formel annehmen: »Leben retten durch Töten?« Diese Frage haben die Päpste entschieden verneint. Papst Johannes Paul II. hat klar festgestellt, dass »der dem menschlichen Leben geschuldete Respekt es absolut verbietet, dieses direkt und positiv zu opfern, auch wenn dies zum Vorteil eines anderen Menschen wäre, bei dem man es für berechtigt hält, ihn derart zu bevorzugen«. Die Hirntod-Ideologie ist jedoch bisher übermächtig, auch weil es um ein riesiges Geschäft geht, das im Gewand der Menschlichkeit und Hilfsbereitschaft herrscht und dabei buchstäblich über weltweit unvorstellbare Zahlen von Leichen geht. Ihr entgegenstehende Erkenntnisse und Erfahrungen werden einfach ignoriert. Daher brauche ich mich auch nicht zu wundern, dass auch meine Beiträge in der *Tagespost* und anderswo bisher praktisch nicht zur Kenntnis genommen wurden. Wenn ein Rechtsstaat aus der Erkenntnis, dass die Entnahme lebenswichtiger Organe zumindest den Tatbestand der »Fahrlässigen Tötung« (in Österreich StGB §§ 80 und 81) erfüllt, dann müssten auch die rechtlichen Konsequenzen daraus gezogen werden. Fahrlässig ist dieses Handeln der Ärzte deswegen, weil das Menschenrecht auf Leben und alle inzwischen gewonnenen Erkenntnisse darüber, dass der Hirntod nicht den Tod des Menschen bedeutet, einfach missachtet wurden. Diese Tötungen kann niemand rechtfertigen. Der Zweck der Heilung eines anderen Menschen kann das Unrecht der Tötung des Organspenders nicht rechtfertigen.

Weil die Vertreter des Hirntods nicht zugeben wollen, dass es Fälle geben könnte, in denen Patienten, bei denen Hirntod diagnostiziert wurde, denen aber dann die Organe nicht entnommen werden konnten, überlebt haben und wieder ganz gesund wurden, möchte ich hier nur an einige der inzwischen bezeugten Fälle erinnern, in denen dies der Fall war. Besonders dramatisch war der Fall des Priesters Don Vittorio Mazzucchelli vom »Institut Christus König und Hoherpriester«. Nach einem schweren Autounfall wurde er für hirntot erklärt und bereits für die Organentnahme vorbereitet. Es war die normale, in einer angesehenen Klinik in Florenz durchgeführte Hirntod-Diagnose, die dann zur Vorbereitung für die Organentnahme führte. Eine »Fehldiagnose«, wie immer eingewandt wird, war es aber schon deswegen, weil, wie bei dem Kongress von 2005 klargestellt wurde, der »Hirntod« als solcher nicht den Tod des Menschen bedeutet. Der Generalobere des Instituts konnte jedoch noch rechtzeitig gegen die Organentnahme protestieren und die Verlegung in ein anderes Krankenhaus verlangen. Das ist wichtig. Denn nur wenn eine Verlegung des Patienten in ein anderes Krankenhaus durchgeführt wird, kann man auf Rettung hoffen. In dem Krankenhaus, in dem man die Organentnahme verweigert hat, kann man keine Bereitschaft für lebenserhaltende Maßnahmen für den als hirntot erklärten Menschen erwarten. Durch die im anderen Krankenhaus erfolgte Pflege kam Don Vittorio wieder zum Bewusstsein und wurde schließlich vollständig geheilt. Er kann wieder seinem priesterlichen Dienst uneingeschränkt nachgehen. Niemand wird bestreiten können, dass er durch die vorgesehene und bereits vorbereitete Organentnahme getötet worden wäre. Aber sein Oberer konnte sein Leben sozusagen im letzten Augenblick retten. Und solche Fälle sind inzwischen zahlreich bezeugt. Ich habe über mehrere solche Fälle, an denen auch junge Menschen beteiligt waren, immer wieder berichtet.

Kürzlich ist in Polen ein Fall dokumentiert worden, in dem bei einer jungen Frau Hirntod »diagnostiziert« wurde. Ihr Vater wurde gebeten, die Organentnahme zu gestatten. Die Chefärztin der Klinik, in der man der jungen Frau die Organe entnehmen wollte, versuchte, den Vater mit unglaublichen Argumenten dazu zu überreden, der Organentnahme zuzustimmen. Er wollte es aber noch überlegen und mit seiner Frau besprechen. Inzwischen hatten die Eltern des Mädchens Kenntnis von einem Arzt namens Dr. Talar erhalten, der sich auf solche Fälle spezialisiert hatte. Sie verlangten, dass ihre Tochter zu ihm überstellt werde. Die Chefärztin reagierte darauf empört und drohte mit einer gerichtlichen Klage, falls das Mädchen bei der Überstellung sterben und damit die Organe verloren gehen würden. Aber die Eltern setzten die Verlegung durch. Dr. Talar konnte das Mädchen durch seine Behandlung retten und das Mädchen konnte dann selbst in einem in *KathTube* eingestellten Video strahlend über ihre Rettung berichten. Ich selbst habe dieses Video gesehen, das Regina Breul mit einer Kollegin zur Verfügung gestellt hat. Man kann es noch immer über den Link:

http://www.kathtube.com/player.php?id=25682 anklicken. Regina Breul hat auch eine umfangreiche Information zu diesen Problemen herausgegeben. Wie sie mir versichern konnte, hat Dr. Talar in 250 Fällen, in denen wegen Organentnahme angefragt worden war, diese aber nicht gestattet wurde, die Patienten durch seine Behandlung retten können.

Mir sind andere Beispiele bekannt, in denen zwei Jugendliche nach Motorradunfällen mit Schädel-Hirn-Traumata bei unterschiedlicher Reaktion der behandelnden Ärzte unterschiedliche Schicksale erlitten. Den einen hat der im betreffenden Krankenhaus arbeitende Transplantationsbeauftragte nach Feststellung des Hirntods sofort mit dem Hubschrauber in das Allgemeine Krankenhaus (AKH) in Wien transportieren lassen, wo ihm die Organe entnommen wurden. Bei dem anderen hat es der behandelnde Arzt im gleichen Krankenhaus verhindern können, dass der Patient abtransportiert wurde. Sein Unfall geschah gerade kurz vor seiner Matura im Sommer. Er wurde in der Intensivstation behandelt, wurde gerettet und konnte im Herbst seine Matura nachholen. Wäre er auch ins AKH nach Wien geflogen worden, wie es der Transplantationsbeauftragte wollte und den Hubschrauber bereits bestellt hatte, hätte es die Matura nicht mehr gegeben, sondern nur eine Beerdigung der entleerten Leiche. Der brasilianische Arzt Cicero G. Coimbra hat nachgewiesen, dass gerade bei Kindern und Jugendlichen bestimmte Behandlungsmethoden bei einem Schädel-Hirn-Trauma die Rettung bewirken können, dass aber gerade bei diesen das Interesse an den wertvollen Organen so überwiegt, dass die Rettung meist erst gar nicht versucht wird.

Mir ist bisher nur ein Fall bekannt geworden, in dem ein »Hirntoter« trotz der Verhinderung der Organentnahme gestorben ist. Dieser Tod war aber vom Arzt selbst dadurch veranlasst worden, dass er nach der Verweigerung der Zustimmung zur Organentnahme keine lebenserhaltenden Maßnahmen einleitete, sondern einfach im Zorn die künstliche Beatmung abgestellt hat (Ich habe den Bericht darüber gelesen, kann aber die Quelle nicht mehr nennen). Natürlich ist dann der Patient binnen kurzer Zeit gestorben. Sonst ist mir aber bisher kein einziger Fall bekannt geworden, in dem bei richtiger Behandlung nach der Verhinderung der Organentnahme der Patient an den Folgen des Hirntods gestorben wäre. Ich kann natürlich mangels Kenntnis nicht ausschließen, dass es solche Fälle gibt. Aber in allen mir bekannt gewordenen Fällen sind die als »hirntot« bezeichneten Personen durch die richtige Behandlung geheilt worden. Jedenfalls wird man davon ausgehen müssen, dass die Anwendung des Hirntod-Kriteriums zur Tötung einer weltweit unabsehbar großen Zahl von Menschen führt.

Es ist für mich schlechterdings unbegreiflich, dass angesichts der seit so vielen Jahren gewonnenen Erkenntnisse, die zeigen, dass Hirntote weder »irreversibel Sterbende« noch Tote sind, diese Erkenntnisse einfach ignoriert werden. Bei der sich für menschlich und lebensrettend darstellenden Transplantationsmedizin geht es, wie bereits mehrfach erwähnt, auch um ein riesiges Geschäft. Daher darf daran nicht gerührt werden. Würde man die bekannten Tatsachen anerkennen, müsste man zugeben, dass es sich dabei um eine der größten Tötungsaktionen in der Geschichte der Menschheit handelt, bei der das Retten von Menschenleben durch das Töten anderer Menschen bewirkt wird. Selbst Reinhard Nixdorf, der es besser wissen könnte, hat seinem Beitrag zur Hirntod-Problematik in der *Tagespost* vom 5. Februar 2013, S. 3, den Titel gegeben: »Ein Sterbender ist aber noch ein lebender Mensch«. Das ist zwar wahr, aber nicht wahr ist die in diesem Zusammenhang implizierte Auffassung, dass es sich beim Hirntoten um einen Sterbenden handelt. Das widerlegen inzwischen überwältigende Erkenntnisse und Tatsachen. Völlig erschütternd ist jedoch das, was Nixdorf in seinem Beitrag »Organspende: Im Fuldaer Bonifatiushaus setzt sich ein Akademie-Abend mit dem Dilemma des Hirntod-Konzepts auseinander« berichten muss. Die dort vorgetragenen Auffassungen lassen eine völlige Ignoranz der vor allem seit dem Kongress von 2005 bekannten Erkenntnisse und Tatsachen erkennen.

Sehr schmerzlich und auch unverständlich ist für mich die Tatsache, dass leider bisher (ich schreibe das inzwischen am 26. Juni 2013) keine Klarstellung seitens des kirchlichen Lehramtes zur Hirntod-Praxis erfolgt ist. Und solange das kirchliche Lehramt dazu nicht klar Stellung nimmt, halten selbst hohe kirchliche Würdenträger wie auch katholische Krankenhäuser sich für berechtigt, das *justified killing* (»gerechtfertigte Töten«) zu vertreten. Diese Tatsachen sind für mich ein tiefer Schmerz, der auch meine Mitgliedschaft an der »Päpstlichen Akademie für das Leben« sehr belastet hat. Ich hatte sogar einmal, als ich Kardinal Ratzinger über die Situation im *Consiglio Direttivo* berichtete, gefragt, ob ich nicht als Mitglied zurücktreten sollte, weil ich die Auffassung vom »Hirntod« nicht teilen könne. Er bat mich, dies nicht zu tun,

sondern meine Auffassung zu vertreten, auch wenn es dafür gegenwärtig keine Mehrheit gebe. Es war für mich ein
geringer Trost, dass der damalige Vize-Präsident der
»Päpstlichen Akademie für das Leben«, Msgr. Elio Sgrec-
cia, mir erklärte, dass auch ich, solange das Lehramt nicht
gesprochen habe, meine gegenteilige Auffassung vertreten dürfe. Es ist vorauszusehen, dass eines Tages das
Schweigen des Lehramtes in dieser Frage auf die Kirche
zurückfallen wird. Wie konnte sie zu diesen Massentö-
tungen schweigen? Meine bisherigen Bemühungen im
Kampf gegen diese Tötungen durch inzwischen zahlreiche Publikationen waren vergeblich.

XXVIII. Zur Bedeutung des Dachsteins und der Berge in meinem Leben

Ich hatte bereits am Ende von Abschnitt XV. auf die Bedeutung des Dachsteins in meinem Leben kurz hingewiesen. Diese Bedeutung entwickelte sich sehr stark, als ich
eines Tages eher zufällig entdeckte, dass man bei Mondlicht auch in der Nacht von der Talstation der Südwandbahn über die Hunerscharte auf den Dachstein steigen
kann. Wegen eines Termins, den ich am Nachmittag des
betreffenden Tages hatte, konnte ich nicht am Morgen
dieses Tages gehen. So entschloss ich mich, in der Nacht
zu gehen. Unser Michael begleitete mich bei dieser ersten Nachttour. Die Ankunft auf dem Gletscher bei begin-
nender Dämmerung war ein überwältigendes Erlebnis.
Beim Weitergehen über den Gletscher zum Einstieg des
Klettersteiges gewann das Morgenlicht Oberhand über
das fahle Mondlicht und der Schatten fiel von da an im-

mer deutlicher in die Gegenrichtung. Der Gipfel verfärbte sich rot. Ich kann mich nicht mehr erinnern, an welchem Punkt die Sonne bei dieser Tour aufging, aber der Sonnenaufgang war immer ein überwältigendes Erlebnis. Die Aussicht vom Dachsteingipfel ist einzigartig. Bei klarer Sicht sieht man im Süden den ganzen Alpenhauptkamm, wohl bis zu den Stubaier Alpen. Über die Niederen Tauern hinweg sieht man die Julischen Alpen. Im Osten geht der Blick bis zur Raxalpe und zum Schneeberg, im Norden bis zum Böhmerwald und im Westen bis zum Kaisergebirge bei Kufstein, davor ragt der Untersberg bei Salzburg in die beginnende Ebene. Wir haben den Abstieg nur bis zum Hunerkogel zu Fuß gemacht und sind dann mit der Südwandbahn hinuntergefahren. So waren wir nach dieser Tour bereits mittags zu Hause und ich konnte den Termin am Nachmittag problemlos wahrnehmen. Seit diesem Erlebnis ist die Nachttour bei Mondschein zu einer Standardtour geworden, die ich mit zahlreichen Seilschaften wohl weit über hundertmal unternommen habe. Auch Studenten haben sich an solchen Touren beteiligt. Sogar Prof. Robert Spaemann ist einmal mitgegangen. Er hat dann bei einem philosophischen Vortrag über die Erfahrung der Überwindung der Angst und der Freude über das Erlebnis gesprochen. Für alle, die diese Tour einmal mitmachten, wurde sie zu einem bleibenden Erlebnis, manche haben sie öfter mit mir gemacht, einige sogar sehr oft, mit Seilschaften in verschiedenen Zusammensetzungen.

Ein Ereignis in diesem Zusammenhang muss ich besonders hervorheben. Ich war mit insgesamt drei Seilschaften unterwegs. Unser Enkel Johannes führte eine Seilschaft mit seinen Brüdern Thomas und Benedikt, unser Gregor mit Sebastian waren die zweite Seilschaft und ich hatte Elisabeth Geusau mit einem polnischen Studenten am Seil. Wir machten eine Rast oben in der Hunerscharte vor dem Ausstieg auf den Gletscher, weil wir dort noch windgeschützt waren, oben aber der Wind geweht hätte. Plötzlich tauchte, aus der Dunkelheit kommend, Georg Schuchter mit einem Freund auf. Georg sagte zu uns: »Wen sonst kann man hier um diese Zeit antreffen außer Wolfgang Waldstein?« Er war wiederholt bei einer Nachttour dabei gewesen. Wir begrüßten uns freudig und er ging mit seinem Freund voraus. Auf dem Gipfel kamen wir wieder zusammen. Und dort haben sich Gregor und Georg noch erlaubt, auf das Gipfelkreuz hinaufzusteigen und nebeneinander oben auf dem Querbalken des Kreuzes zu stehen. Damals konnte niemand ahnen, dass Georg Schuchter einen Monat später tot sein würde. Er ist beim Abstieg vom Hohen Göll tragischerweise abgestürzt. Auf seinem Sterbebildchen ist eine Aufnahme, die einen Monat vorher beim Sonnenaufgang auf dem Gipfel des Dachsteins aufgenommen wurde, auf dem wir gemeinsam waren. Er begrüßt auf dem Bild sozusagen die aufgehende Sonne mit ausgebreiteten Armen.

Wegen der Bedeutung des Dachsteins für mein Leben hatte ich den Wunsch, meinen 80. Geburtstag auf dem Dachstein feiern zu dürfen. Unser Gregor, den man als Extrembergsteiger bezeichnen kann, wollte das mit mir machen. Zur Zeit des Geburtstags selbst gab es Hindernisse verschiedener Art, teils wegen des Wetters, teils wegen Gregors Terminen. Aber am 10. Oktober 2008 rief mich Gregor an und fragte, da für den nächsten Tag bestes Wetter vorausgesagt sei, ob wir da gehen könnten? Ich hatte nun keine Zeit, lange zu überlegen. Wir sind am

nächsten Morgen so frühzeitig zur Dachstein-Südwand-
bahn gefahren, dass wir die erste Bahnfahrt um 7.45 Uhr
erreichten, die uns auf den Hunerkogel und damit auf den
Gletscher brachte. Vom Hunerkogel sind wir dann zum
Einstieg zur »Schulter« aufgestiegen, von wo wir über die
»Schulter« bei bereits winterlichen Verhältnissen auf den
Dachstein geklettert sind. Ich hatte mit dem Aufstieg zum
Gipfel durch Gregors fürsorgliche und liebevolle Führung
keine Probleme und kam dort auch nicht erschöpft an. Es
war ein herrliches Erlebnis und wir haben mit Sekt auf
den 80. angestoßen.

Der Dachstein war natürlich nicht der einzige Berg, den
ich bestiegen habe. In den Urlauben in Südtirol bestieg
ich viele Berge, auch dreimal die Marmolata über den
Westgrat. Esi wollte nicht, dass ich diese Tour allein ma-
che, daher blieb es bei dreimal, weil ich nicht öfter einen
Begleiter fand. Viele andere Berge habe ich aber auch in
der Nacht allein bestiegen. Esi konnte sogar bei einigen
Nachttouren mitgehen, so besonders auf den Peitlerkofl.
Aber auf den Sass Rigais (3026 m) und den Zehner (3025 m)
in der Kreuzkofelgruppe bin ich wiederholt allein in der
Nacht gegangen, und das auch ohne Mondlicht mit Stirn-
lampe. Während unserer Urlaube im Mühlwald hat Esi
sogar mit mir, Gregor, Maria und Elisabeth den Großen
Möseler (3478 m) bestiegen.

Nur eine für mich besonders bewegende Bergtour
möchte ich noch genauer schildern. Ich war von unserem
Quartier in St. Leonhard im Gadertal bei sternenklarem
Himmel allein zu einer Tour auf den Sass Rigais aufge-
brochen. Um zum Ausgangspunkt für den Aufstieg im
Grödner Tal zu kommen, musste ich über das Grödner
Joch fahren. Mir fiel auf, dass oben am Grödner Joch, so-

weit man das von unten aus sehen konnte, irgendetwas eigenartig war. Das Licht bei der Grödner-Joch-Hütte erlosch zeitweilig und brannte dann wieder. Erst oben sah ich, dass auf der anderen Seite des Grödner Jochs dichter Nebel herrschte, der manchmal etwas über das Joch herüberkam und dann das Licht an der Grödner-Joch-Hütte verdeckte. In diesen Nebel tauchte ich auf der Grödner Seite sofort ein. Ich hoffte aber, dass ich beim Aufstieg auf den Sass Rigais über den Nebel kommen würde. Ich ließ mich daher durch den Nebel nicht abschrecken. Als ich dann den Aufstieg begann, nieselte es ziemlich stark aus dem Nebel. Ich ging aber unverdrossen weiter. Der Weg auf den Sass Rigais führt von einem Parkplatz oberhalb von St. Christina an der Regensburger Hütte vorbei zu einem Hochtal, dem Wasserrinnental, zu dem man über eine ziemlich hohe Steilstufe gelangt. Als ich diese Steilstufe überwunden hatte, war ich noch immer im Nebel und mein Anorak war schon ganz nass. Ich überlegte, was ich jetzt machen sollte. Ich entschloss mich, bis zum Einstieg in den Klettersteig zu gehen. Wenn ich dann immer noch im Nebel wäre, müsste ich umkehren. Doch bald, nachdem ich mich zum Weitergehen entschlossen hatte, sah ich durch den Nebel einen Stern, der so hell schien, dass das Licht durch den inzwischen über mir nur mehr dünnen Nebel drang. Kurz danach hatte ich plötzlich den klaren Sternenhimmel über mir. Das war ein überwältigendes Erlebnis, das mich mit jubelnder Freude und Dankbarkeit erfüllte. Beim weiteren Aufstieg sah ich mit Freude, dass sich mein Abstand zur Obergrenze des Nebels deutlich vergrößerte und ich keine Sorge zu haben brauchte, dass der Nebel steigen würde. Ich konnte den Gipfel zu einem herrlichen Sonnenaufgang erreichen. Christus wird auch als *Sol iustitiae* bezeichnet (Mal. 4,2; in der Übers. der Jerusalemer Bibel: 3,20): *Et orietur vobis timentibus nomen meum Sol iustitiae* (»Aber euch, die ihr meinen Namen fürchtet, wird die Sonne der Gerechtigkeit aufgehen, und Heil [ist] in ihren Strahlen«). All das ging mir durch die Seele angesichts dieses überwältigenden Erlebnisses. Und jetzt kommt mir das Altern so vor: Der Nebel wird dünner. Man ahnt schon etwas von den Sternen, bis dann der *Sol iustitae* in vollem, strahlendem Licht aufgeht und plötzlich alles in Sein Licht taucht. Auch wenn wir jetzt in dieser Welt oft wie im Nebel gehen, steht uns, darauf dürfen wir auf Sein Wort hin vertrauen, dieses Licht bevor.

Bei all den vielen Bergtouren, besonders bei denen, die ich allein in der Nacht unter dem Sternenhimmel gegangen bin, musste ich daher auch immer an ein Gebet denken, das Papst Pius XI. 1931 für die Weihe von Kletterausrüstungen eingesetzt hatte und das im *Rituale Romanum*, 9,8,20 unter dem Titel »Benedictio instrumentorum ad montes conscendendos« enthalten ist. Ich möchte es auf Deutsch wiedergeben: »Schütze, o Herr, […], diese Deine Diener und gewähre ihnen, dass sie, während sie diese Höhen besteigen, zum Berg, der Christus ist, zu gelangen vermögen.«

XXIX. Der Lebensabend

Seit meiner Emeritierung von der Lateran-Universität im Jahr 1998 leben Esi und ich in einer relativ kleinen, aber für unser Alter idealen Wohnung in der Paris-Lodron-Straße in Salzburg. Unser Haus in der Essergasse war für uns einfach zu groß geworden, als praktisch alle Kinder aus dem Haus waren. Weil keines der Kinder das Haus übernehmen konnte, wurde es im Jahr 2000 an eine liebe Familie verkauft, die das uns so liebe Haus auch schätzt.

Unsere Wohnung in der Paris-Lodron-Straße gibt auf der Südseite den Blick frei auf den parkartigen Friedhof bei der *St. Sebastian*-Kirche. Dadurch haben wir mitten in der Stadt eine solch ruhige Wohnung, wie man sie sonst in der Stadt wohl kaum finden kann. Vom Lärm der Paris-Lodron-Straße hören wir kaum etwas, weil unsere Wohnung im 5. Stock liegt und auf der Seite zur Straße das Dach des Hauses unterhalb des Fensters etwas vorragt und so den Lärm von unten abfängt. Vom Balkon der Wohnung auf der Südseite haben wir vor uns den Blick auf den Kapuzinerberg, auf Teile der Altstadt bis zum Turm von *St. Peter* und auf den ganzen Untersberg.

Ich konnte einen großen und für mich wichtigsten Teil meiner Bibliothek in unsere Wohnung mitnehmen, der ein ganzes Zimmer füllt. Daher konnte ich bis jetzt auch arbeiten. Ein lange bestehendes Anliegen der Herz-Jesu-Gemeinschaft war, eine Anthologie aus den frühen Schriften dieser Gemeinschaft herzustellen. Dr. Ernst Wenisch hatte viele Jahre daran gearbeitet, konnte aber seine Arbeit letztlich wegen seiner langjährig zunehmenden Erkrankung nicht zum Abschluss bringen. Auf Bitten von Msgr. Schmitz habe ich nach meiner Emeritierung versucht, zu einem Ergebnis zu kommen. Das Ergebnis, das aus dem Buch *Herz Jesu Gemeinschaft, Auswahl aus frühen Schriften* besteht, ist im Jahr 2006 von der Herz-Jesu-Gemeinschaft im »Institut Christus König und Hoherpriester« herausgegeben worden. Es ist nicht im Buchhandel erhältlich und kann nur über das »Institut

Christus König und Hoherpriester« in Bayerisch Gmain bezogen werden.

Eine große Überraschung war es für mich, dass ausgerechnet in dem Jahr, in dem ich mein 80. Lebensjahr im August 2008 vollendet hatte, mich ein Brief des Sankt Ulrich Verlages erreichte, in dem ich gebeten wurde, ein Buch über das »Naturrecht« zu schreiben. Ich zweifelte daran, dass ich das noch schaffen könnte. Ich hatte Gelegenheit, meinen früheren Beichtvater, Msgr. Schmitz, der inzwischen in den USA wirkte und dann mit einer Arbeit in Gabun in Afrika betraut wurde, zu fragen, was er dazu meine. Ich gestand ihm aber auch, dass Esi sehr dagegen sei, dass ich zusage. Msgr. Schmitz meinte jedoch, dass die Sache so wichtig sei, dass ich doch zusagen solle. Ich antwortete: *in verbo autem tuo* (vgl. Lukas 5,5), das Wort des Petrus, das zum reichen Fischfang führte. Auch Esi war dann ganz damit einverstanden. Mit dem Verlag vereinbarte ich einen Ablieferungstermin des Manuskripts für Oktober 2009, den ich für realistisch hielt. Der Verlag gab mir einen präzisen Umfang von 316 800 Anschlägen vor, was etwa 170 Buchseiten entspricht.

Ich musste dann zunächst noch einige Terminarbeiten vom Tisch bekommen, um mich dann dem Buch zuwenden zu können. Mit der Arbeit am Buch konnte ich daher erst Ende Januar 2009 beginnen. Die Arbeit ging dann jedoch zu meiner großen Überraschung wie von selbst vonstatten. Ich staunte über die Zahl der Anschläge, die ich bereits am ersten Tag der Arbeit trotz vieler Störungen zustandebrachte. Trotz eines zweiwöchigen Winterurlaubs im Februar hatte ich am 28. Februar bereits einen Stand von 122 047 Anschlägen erreicht. Am 25. April hatte ich noch einen Gastvortrag in Bonn und am 6. Mai einen in Neapel zu halten, gleichwohl konnte ich das Manuskript mit 316 777 Anschlägen am 11. Mai an den Verlag senden. Dann erschien jedoch die Enzyklika von Papst Benedikt XVI. *Caritas in veritate* vom 29. Juni 2009. Dies zwang mich, einen Abschnitt über die kirchliche Soziallehre neu zu schreiben. Der Abschnitt lautet jetzt: »Zum Naturrecht in der Enzyklika Caritas in veritate« (S. 151–156). Das Buch mit dem Titel *Ins Herz geschrieben: Das Naturrecht als Fundament einer menschlichen Gesellschaft* ist dann im Dezember 2009 mit dem Erscheinungsjahr 2010 erschienen.

Ich muss nochmals auf die Bedeutung unserer Wohnung zurückkommen. Wir betrachten diese Wohnung, in der wir nun bereits seit fünfzehn Jahre leben dürfen, als ein besonderes Geschenk Gottes für unser Alter. Wir haben fast alles, Kirchen, Apotheke, Ärzte, Geschäfte, Post, Krankenkasse etc. in Gehentfernung. Es ist für uns auch ein besonderes Geschenk Gottes, dass wir gemeinsam ein doch so hohes Alter erreichen durften. Dies alles hat uns dazu veranlasst, über unserer Wohnungstür eine Tafel anzubringen, auf der wir mit dem zweiten Vers aus dem Psalm 88 (89) unsere Dankbarkeit für die Geschenke Gottes ausdrücken wollen. Der Vers lautet: *Misericordias Domini in aeternum cantabo.* (»Die barmherzigen Taten des Herrn will ich besingen in Ewigkeit«). Mozart hat diesem Vers eine wunderschöne Musik gewidmet (KV 222).

Am 5. Januar 2012 durften wir unsere Diamantene Hochzeit feiern. Für diesen Anlass hatte der Generalobere des »Instituts Christus König und Hoherpriester« es möglich gemacht, dass wir am 14. Dezember 2011 an einer Generalaudienz von Papst Benedikt XVI. in der ersten Reihe teilnehmen durften. Dies bedeutete, dass wir am Ende den Papst kurz begrüßen durften. Dies war eine besonders herzliche Begrüßung, bei welcher der Papst als Erstes zu Esi sagte, dass er noch oft dankbar an das schöne Abendessen denke, zu dem er einmal während meiner Zeit an der Lateran-Universität in unsere kleine Wohnung gekommen war. Dies lag rund fünfzehn Jahre zurück! Unglaublich, dass sich der Papst überhaupt noch daran erinnern konnte. Noch unglaublicher aber war, dass er sich auch noch daran erinnern konnte, was ich ihm damals erzählen durfte, und dann, wie schon oben erwähnt, unseren Schwiegersohn bat, dafür zu sorgen, dass ich meine Erinnerungen an Finnland niederschreibe. Nun konnte ich sogar bis zum jetzigen Stand (26. Juni 2013) über mein Leben berichten.

Esi ist inzwischen 83 und ich werde in diesem Jahr (2013) 85, und wir durften bis jetzt von Gott geschenkte 61 glückliche Ehejahre gemeinsam erleben. Wie lange uns Gottes Güte noch das Leben schenken wird, wissen wir nicht. Jedenfalls spüren wir jetzt doch mehr und mehr unser Alter.

Aber gerade deswegen möchte ich hier zum Abschluss doch nochmals ausdrücken, was ich im Zusammenhang mit den Bergtouren über das Altern gesagt habe: »Und jetzt kommt mir das Altern so vor: Der Nebel wird dünner. Man ahnt schon etwas von den Sternen, bis dann die ›Sonne der Gerechtigkeit‹, wie Christus genannt wird, ›im vollen, strahlenden Licht aufgeht und plötzlich alles in ihr Licht taucht‹. Auch wenn wir jetzt in dieser Welt oft wie im Nebel gehen, steht uns, darauf dürfen wir auf Sein Wort hin vertrauen, dieses Licht bevor.«

Raymond Arroyo

Mutter Angelica

Eine Nonne schreibt
Fernsehgeschichte

Mutter Angelica gründete im Auftrag ihres Ordens ein Kloster
in Alabama und startete von dort aus mit 58 Jahren den
weltweit größten Fernsehsender EWTN. Mit einem Anfangs-
kapital von 200 Dollar und einem riesigen Gottvertrauen
begann sie, diesen Fernsehsender aufzubauen. Für eine in
Klausur lebende Ordensschwester ist Mutter Angelicas Leben
eine höchst erstaunliche Geschichte, die man nur Gottes
Vorsehung zuschreiben kann.

Geb., SU, 440 Seiten
ISBN 978-3-9811452-7-4